Inaugural-Dissertation zur Erlangung des Doktorgrades der
Philosophischen Fakultät der Universität zu Köln

PERSONENBEZOGENE

KORRELATE

mit

TRUNKENHEITSFAHRTEN

bei

MÄNNLICHEN FAHRANFÄNGERN

vorgelegt von Thomas Wittig und angenommen von der
Philosophischen Fakultät der Universität zu Köln

1. Referent: Prof. Dr. E. Stephan
2. Referent: Prof. Dr. U. Undeutsch

Termin der mündlichen Prüfung: 19.06.2002

Berichte aus der Psychologie

Thomas Wittig

Personenbezogene Korrelate mit Trunkenheitsfahrten bei männlichen Fahranfängern

D 38 (Diss. Universität zu Köln)

Shaker Verlag
Aachen 2002

Die Deutsche Bibliothek - CIP-Einheitsaufnahme

Wittig, Thomas:
Personenbezogene Korrelate mit Trunkenheitsfahrten bei
männlichen Fahranfängern / Thomas Wittig.
Aachen : Shaker, 2002
(Berichte aus der Psychologie)
Zugl.: Köln, Univ., Diss., 2002
ISBN 3-8322-0521-7

ISBN 3-8322-0521-7
ISSN 0945-0971

Shaker Verlag GmbH • Postfach 101818 • 52018 Aachen
Telefon: 02407 / 95 96 - 0 • Telefax: 02407 / 95 96 - 9
Internet: www.shaker.de • eMail: info@shaker.de

INHALT

Ein Dank für die Unterstützung bei der Verwirklichung dieser Arbeit gilt Frau Dipl.-Psych. B. Conrad, Herrn Dipl.-Psych. Dr. W. Follmann, Herrn Prof. Dr. E. Stephan, Herrn Prof. Dr. U. Undeutsch, Frau Dipl.-Psych. R. Wittig sowie Frau Dipl.-Psych. E. Hansjosten, Herrn Dipl.-Psych. Dr. F. D. Schade und den beteiligten Mitarbeitern des Verkehrszentralregisters des Kraftfahrt-Bundesamtes.

1   Einleitung

Jugendliche bzw. junge Erwachsene stellen in der Gruppe der Kraftfahrer eine besondere Risikogruppe dar. Betrachtet man die Unfallstatistiken, zeigt sich, dass junge Kraftfahrer - gemessen an ihrem Anteil an der Bevölkerung - überproportional bei der Verkehrsteilnahme gefährdet sind. Der Erwerb der Fahrerlaubnis und die erste Zeit als Verkehrsteilnehmer fallen in der Regel in die Lebensphase, die als Übergang von der Jugend zum Erwachsenenalter gesehen wird. Das Autofahren ist in dieser Zeit in dreierlei Hinsicht als gefährlich zu sehen, denn es dient oft zur Spannungsreduktion, zur Erprobung neuer Verhaltensweisen und zur Identitätsfindung (Bächli-Biétry, 1990).

Für Autofahrer zwischen 18 und 24 Jahren ist das Risiko, bei einem Verkehrsunfall ums Leben zu kommen, mehr als doppelt so hoch wie beim Rest der Kraftfahrer. Allein das Unfallrisiko ist vier- bis fünfmal so hoch wie bei erfahreneren Fahrern ab 25 Jahren. Als Ursachen für diese Risikoerhöhung gelten mangelnde Reife, Überschätzung der eigenen Fähigkeiten bei begrenzter Fähigkeit der Gefahrenerkennung, eine hohe Risikoakzeptanz, mangelnde Fahrroutine sowie die spezielle Lebensweise, bei der das Verhalten in starkem Maße an der Gruppe der Gleichaltrigen ausgerichtet wird (Hamm, 1998).

In ca. 11 % der Unfälle von männlichen Fahranfängern ist der Fahrer nachgewiesenermaßen alkoholisiert (Hoppe et al., 1998), hinzu kommen zusätzlich die Unfälle, bei denen keine Blutalkoholbestimmung durchgeführt wurde, was selbst bei Unfällen mit tödlichem Ausgang nicht selten ist (Schulze, 1996).

Die Ausgangsfrage für die vorliegende Untersuchung ist, ob es möglich ist, die potentiellen Trunkenheitstäter unter den Fahranfängern bereits frühzeitig, bevor sie auffällig geworden sind, zu identifizieren. Wenn dies möglich wäre, könnte dann präventiv auf diese Risikogruppe eingewirkt werden. Das Problem vieler präventiver Maßnahmen ist, dass die tatsächlich Gefährdeten nur am Rande oder gar nicht erreicht werden, denn der überwiegende Teil der Fahranfänger verhält sich normgerecht, die Gruppe der Fahranfänger ist keineswegs gleichmäßig risikobehaftet.

Die besten korrelativen Vorhersagevariablen sind bei Trunkenheitsfahrten die bisherigen Alkoholverstöße und die festgestellten Blutalkoholkonzentrationen. Derartige Referenztaten liegen jedoch bei Fahranfängern nicht vor, was wiederum die Genauigkeit einer Prognose des Verkehrsverhaltens einschränkt (UNDEUTSCH, 1987).

Bisherige Studien haben aber Hinweise dafür erbracht, dass vor allem der generelle Umgang mit dem Alkohol sich letztlich erheblich auf die Wahrscheinlichkeit der alkoholisierten Teilnahme am Straßenverkehr auswirkt. D. h., dass es nicht sinnvoll ist, lediglich die Aufmerksamkeit auf die Trennung unzulässig starken Alkoholkonsums und Verkehrsteilnahme zu richten.

Bei der großen Masse der stark alkoholisierten Kraftfahrer handelt es sich nicht um 'trinkende Fahrer', sondern um 'fahrende Trinker' (STEPHAN, 1988a). Dies gilt in gleichem Maße auch für Fahranfänger: Die Trunkenheitstäter unter den Fahranfängern rekrutieren sich in großer Zahl aus der Gruppe der Jugendlichen mit einer Alkoholproblematik (WINKLER, 1985; HANSJOSTEN & SCHADE, 1997). CONRAD (1997) hatte bereits in einer Untersuchung deutliche Zusammenhänge zwischen den Angaben zu Alkoholtrinkgewohnheiten während der Zeit der Fahrschulausbildung und der Wahrscheinlichkeit späterer Trunkenheitsfahrten feststellen können.

Wesentlich ist daher, nicht nur die unmittelbaren Umstände von Trunkenheitsfahrten zu betrachten, sondern die generellen Trinkgewohnheiten zu erfassen und zu analysieren, um die Wahrscheinlichkeit einer (späteren) Trunkenheitsfahrt beurteilen zu können. Es gilt in diesem Zusammenhang, sich von der Idee zu verabschieden, man könne den Fahranfängern ruhig gestatten, auch in großen Mengen Alkohol zu konsumieren, wenn diese dann vermeiden, am Straßenverkehr teilzunehmen. Rückfallstudien haben immer wieder gezeigt, dass dies den betroffenen Vieltrinkern in der Regel nicht auf Dauer konsequent genug gelingt. Es sind in erster Linie die Personen mit generell problematischem Alkoholkonsum, die durch Trunkenheitsdelikte im Straßenverkehr auffallen (STEPHAN, 1988a).

Ausgangspunkt dieser Dissertation ist eine schriftliche Befragung von Fahrschülerinnen und Fahrschülern aus den Jahren 1990/91, die vom Psychologischen Institut der Universität zu Köln (Prof. Dr. E. Stephan) durchgeführt worden war. Erhoben wurde dabei neben einer Reihe demographischer Variablen u. a. Bewertungen der rechtlichen Promillegrenzen, Angaben zum Alkoholtrinkverhalten und Einstellungen zur Teilnahme am Straßenverkehr. Hierbei konnten Daten von 6.632 Personen gewonnen werden.

Um festzustellen, welche dieser (ehemaligen) Fahrschüler durch einen Alkoholverstoß aufgefallen sind, erfolgte 1998 dann eine Abfrage im Verkehrszentralregister des Kraftfahrt-Bundesamtes zu den aktuellen Eintragungen eines großen Teils dieser Personen. In diese Studie gingen schließlich die Daten von 2.595 Personen ein.

Ziel dieser Studie ist es, Zusammenhänge zwischen Einstellungen und Gewohnheiten – insbesondere den Trinkgewohnheiten – bereits vor bzw. beim Erwerb der Fahrerlaubnis und der Auffallenswahrscheinlichkeit durch Alkohol am Steuer bei Fahranfängern zu untersuchen. Die vorliegende Untersuchung befasst sich in erster Linie mit den personenbezogenen Korrelaten von Alkoholfahrten bei Fahranfängern mit Angaben über den eigenen Alkoholkonsum zum Zeitpunkt des Fahrschulbesuchs, da über die Situationsbedingungen der späteren Trunkenheitsfahrten keine hinreichenden Kenntnisse vorliegen.

Diese Arbeit ist in vier Teile aufgegliedert: Im ersten Teil werden der theoretische Hintergrund, die Ergebnisse bisheriger Studien dargelegt und die eigene Untersuchung wird beschrieben. Im zweiten Teil werden die Ergebnisse der Auswertung der Fahrschülerbefragung dargestellt. Im dritten Teil werden die alkoholauffälligen Fahranfänger beschrieben. Abschließend werden im vierten Teil dann die Ergebnisse noch einmal zusammenfassend dargestellt und diskutiert und die daraus abzuleitenden Schlussfolgerungen beschrieben.

2 Jugendphase

Wie in der Einleitung erwähnt, ist die Ausgangsbasis dieser Arbeit eine schriftliche Fahrschülerbefragung aus den Jahren 1990 und 1991. Die Masse dieser befragten Fahrschüler war zum Zeitpunkt der Erhebung zwischen 17 und 19 Jahre alt (76,5 %). Bei dem überwiegenden Teil der Fahrschüler handelt es sich also um Jugendliche und Heranwachsende, die gerade die Gruppe der Jugendlichen verlassen haben. In Bezug auf die Untersuchungsstichprobe ist es also sinnvoll, sich mit Jugendlichen und deren (Lebens-) Gewohnheiten zu befassen, um diese Ergebnisse mit den gewonnenen Daten der Fahrschülerbefragung bzw. des Kraftfahrt-Bundesamtes in Relation zu setzen. Dabei wird häufiger Bezug genommen auf Ergebnisse und Statistiken aus den späten 80er und frühen 90er Jahren, weil eben auch die Daten der Ausgangsbasis der Untersuchungsstichprobe aus dieser Zeit stammen.

Die Jugend als Lebensphase war in früheren Zeiten nicht definiert. Bis zum Beginn des 20. Jahrhunderts trat man aus der Kindheit mit 12-14 Jahren in das Erwachsenenalter ein, geprägt durch den Einstieg in die Arbeitswelt. Die Abgrenzung der Jugend als eigener Lebensphase entwickelte sich erst im ersten Drittel des vergangenen Jahrhunderts (HURRELMANN, 1997). Mit der Industrialisierung und Technisierung der Arbeit wurden die Anforderungen an den Arbeitenden größer und weiterführende Qualifikationen notwendig, die von Jugendlichen/Kindern nicht zu bewältigen waren. Man musste den Kindern nun eine Zeit der Reifung einräumen, in der die notwendigen Kompetenzen erworben werden konnten. Damit ist die Jugendphase bis heute – im Sinne einer Qualifizierungsphase aber auch als Lebensphase – sowohl für das einzelne Individuum wie auch für den gesellschaftlichen Prozess immer wichtiger geworden.

Der Anteil der Jugendlichen an der Gesamtbevölkerung ist in der zweiten Hälfte des 20. Jahrhunderts indes immer mehr zurückgegangen, die 'Bevölkerungspyramide' hat sich verändert, weil einerseits die Geburtenrate sinkt, andererseits die Lebensdauer sich in den letzten hundert Jahren durchschnittlich um ungefähr 10 Jahre (von 65 auf 75 Lebensjahre) verlängert hat.

Auch nimmt die weitere Ausdifferenzierung der einzelnen Lebensphasen heute immer mehr zu, d. h. es wird z. B. bei den Jugendlichen zwischen frühem und spätem bzw. Nachjugendalter unterschieden. Diese immer weiter gehende Aufgliederung der Lebensphasen resultiert wohl in erster Linie aus der insgesamt steigenden Lebensdauer.

Jugend ist heutzutage eine Lebensphase, in der eine Person nicht mehr Kind, aber eben auch noch nicht Erwachsener ist. Der Übergang von der Kindheit zur Erwachsenenphase kann altersmäßig sehr variieren (HURRELMANN, 1997). Der Gesetzgeber definiert die Grenze zur Volljährigkeit mit 18 Jahren, bis 21 Jahre kann aber z. B. noch das Jugendstrafrecht Anwendung finden. Abhängig von der individuellen Entwicklung kann eine Nachjugendphase bis zum Ende des dritten Lebensjahrzehnts andauern. FRANZKOWIAK (1986, S. 175) beschreibt die Adoleszenzphase als eine Zeit ineinander gehender Abschnitte, der frühen und mittleren Adoleszenz mit ungefähr 12 bis 17 Jahren und der Spätadoleszenz mit 17 bis 20 Jahren.

Die 'Einstufung' als Jugendlicher oder Erwachsener ist aber im wesentlichen vom individuellen Reifegrad abhängig. Die Jugend ist eine schwierige Lebensphase, *"in der sich ve-*

hemente biologische Prozesse vollziehen, neue Rollen erlernt werden müssen, Abschied genommen werden muss von kindlichen Freizügigkeiten und in der in eine Zukunft hineingelebt werden muss, die in vielerlei Hinsicht unsicher ist." (STIMMER & MÜLLER-TEUSLER, 1999, S. 36/37). Für Jugendliche gilt es, eine Vielzahl von Entwicklungsaufgaben zu bewältigen (HAVIGHURST, 1972). Die Jugendphase ist die Zeit der persönlichen Identitätsfindung, sie ist eine Phase des Erprobens, die häufig geprägt ist durch betontes Abgrenzen von der Welt der Erwachsenen.

Vergleicht man die jugendliche Entwicklung mit der im Kindesalter, so verläuft diese "nicht nach feststehenden Gesetzmäßigkeiten, sondern ist das Produkt der Interaktion biologischer und psychologischer Reifungsprozesse mit soziokulturellen Einflüssen." (SCHULZE, 1998, S. 7).

Die Thesen einer 'Generationskluft' (z. B. SLATER, 1970) wie auch einer 'jugendlichen Subkultur' als eigenständiger Teilkultur sind inzwischen durch empirische Befunde relativiert. Eine Übersicht zu den Untersuchungen findet sich bei SCHMIDT-DENTER (1994):

"Die meisten Autoren ziehen aus den vorliegenden Untersuchungsbefunden den Schluss, dass Eltern und Gleichaltrige in unterschiedlichen Bereichen einen Einfluss auf das Verhalten des Jugendlichen ausüben. Während vor allem der Freizeitbereich als Domäne der Peergroup angesehen wird, dominiert der Elterneinfluss in den für die Lebensorientierung des Jugendlichen zentralen Fragen." (S. 146).

Der Gruppe der Gleichaltrigen (Peergroup) kommt heute insgesamt eine gestiegene Bedeutung zu, auch quantitativ, weil die Zugehörigkeit zu Cliquen jedweder Art in den vergangenen Jahrzehnten deutlich angestiegen ist (ALLERBECK & HOAG, 1985). Es soll an dieser Stelle auch darauf hingewiesen werden, dass, wenn von "Peergroup" die Rede ist, eben oftmals nicht nur eine Gruppe gemeint ist, sondern dass das einzelne jugendliche Individuum in der Regel mit vielen solcher Gruppen in wechselndem Kontakt steht (z. B. in der Schule oder Ausbildung, in Sportvereinen oder bei anderen Freizeitbeschäftigungen).

Diese Gruppen sind inzwischen aber ebenso als soziale Orte zu verstehen, in denen die Vielfalt der Lebensformen und -stile losgelöst von der Welt der Erwachsenen ausprobiert werden kann (HORNSTEIN, 1996). Während sich früher auch die Jüngeren über Ausbildung und Beruf definiert haben, stehen heute die Freizeitaktivitäten im Vordergrund. Gleichzeitig besteht aber für den Jugendlichen gewissermaßen das Dilemma, dass er aufgrund der verlängerten Ausbildungsphase heute länger wirtschaftlich abhängig ist von den Eltern oder anderen unterstützenden Institutionen.

Jugendliche stehen heute einer Vielzahl immer komplexer werdender Aufgaben gegenüber, so in der Ausbildung und der insgesamt technisierten Umwelt. Der Druck auf dem Arbeitsmarkt ist wesentlich größer geworden, das 'Wirtschaftswunder' der Nachkriegszeit ist längst vorbei. Der Qualifikation insgesamt kommt wegen der großen Konkurrenz auf dem Arbeitsmarkt eine wesentliche Bedeutung zu. Das wiederum steht aber oft im Gegensatz zum Ausprobieren und Erproben. Der Jugendliche muss bereits in der schulischen Ausbildung zielgerichtet vorgehen, um seine späteren Berufschancen zu verbessern. Die jungen Menschen mit geringerer schulischer Ausbildung (Sonder- und Hauptschüler) sind im Wettbewerb deutlich benachteiligt, zumal heute auch viele Abiturienten zunächst einmal eine klassische Ausbildung im dualen System durchlaufen.

Die Teilnehmer der Fahrschülerbefragung der vorliegenden Studie haben Teile ihrer Kindheit und ihre frühe Jugend in den 'goldenen 80er Jahren' verbracht, einer Zeit, in der die Konsumorientierung erheblich zugenommen hat. Diese Jugendlichen sind von einer lifestyle-Orientierung geprägt, die bestimmte Güter (z. B. Kleidung) mit einem Lebensgefühl und auch mit einem bestimmten sozialen Status verbindet (HURRELMANN, 1997). Auch die Cliquen, in denen sich die Jugendlichen bewegen, definieren sich häufig über derartige Statussymbole. Ein wesentliches Problem für die betroffenen Jugendlichen hierbei ist die Finanzierung dieses Lebensstiles, denn das 'Durchschnittsgehalt' der 17- bis 20-Jährigen betrug 555 DM im Jahr 1991 (620 DM bei den männlichen und 493 DM bei den weiblichen Jugendlichen), wobei die Auszubildenden über die höchsten und die Gymnasialschüler über die geringsten Mittel verfügten (MANSEL & HURRELMANN, 1991).

Die Jugendlichen sind aufgrund ihrer Konsumgewohnheiten ein starker Wirtschaftsfaktor: An erster Stelle der Konsumrangliste stehen die Tonträger (in der Regel CDs), gefolgt von Nahrungsmitteln, Gaststättenbesuchen und Kleidung (LANGE, 1991).

Auch bzgl. der Sexualität stehen Jugendliche gewissermaßen häufig unter Zwängen. Einerseits haben die gewonnen Freiheiten und Freizügigkeiten in diesem Bereich dazu geführt, dass erste sexuelle Kontakte heute früher stattfinden und offener darüber berichtet wird. Andererseits setzt dies Einzelne aber erheblich unter Druck, wenn sie das Gefühl

6

haben, hier den anderen nachzuhinken, sie quasi die üblichen 'Vorgaben' (z. B. im Bereich der sexuellen Erfahrungen) nicht erfüllen.

Bei einer Untersuchung von KOLIP, NORDLOHNE & HURRELMANN (1995) ergab sich, dass viele der befragten Jugendlichen sich subjektiv überfordert fühlten, über die Hälfte fühlte sich gestresst, erschöpft und müde.

Die zu bewältigenden (Entwicklungs-)Aufgaben, die zu überwindenden gesellschaftlichen Hindernisse, aber auch der Druck mitzuhalten, kann bei Jugendlichen zu abweichendem Verhalten führen. Bei Versagen oder zum besseren Gelingen werden häufig Rauschmittel (legale wie illegale) eingesetzt. Wenn diese Jugendlichen das Alter erreichen, in dem sie auch als Kraftfahrer am Straßenverkehr teilnehmen können, dürften sich die genannten Umstände auch im Verkehrsverhalten auswirken. Welche Rolle die Verkehrsteilnahme – der Führerschein – dabei für die jungen Erwachsenen spielt, wie sich die Umstände dieser Lebensphase im Straßenverkehr auswirken und insbesondere welche Ursachen dann zu unangemessenem Verhalten, besonders zur alkoholisierten Verkehrsteilnahme, führen, soll in den nächsten Abschnitten dargestellt werden.

3 Fahranfänger und Verkehrsteilnahme

Wenn im Folgenden von Fahranfängern die Rede ist, sind damit die jungen Fahranfänger gemeint. Es ist dabei üblich, die Altersgruppe der bis 25-jährigen zu dieser Gruppe zu rechnen (FOLLMANN, 2000). Im ersten Abschnitt dieses Kapitels soll kurz auf die rechtlichen Hintergründe der Fahrerlaubnis eingegangen und die Gruppe der Fahranfänger mit statistischen Bezügen beschrieben werden. In zweiten Teil wird dann auf die Bedeutung des Führerscheins für die Heranwachsenden eingegangen.

3.1 Fahrerlaubnis- und Kraftfahrzeugbesitz

Die Fahrerlaubnis bzw. der Führerschein wurde zu Beginn des 20. Jahrhunderts eingeführt als der Gebrauch von Autos aufkam. Die Regelungen, die bereits 1880 für Fahrräder ('Velos') ins Leben gerufen worden waren, wurden auf Kraftfahrzeuge übertragen. In den 50er und 60er Jahren wurde mit steigendem Verkehrsaufkommen die zunehmend breitere Einführung von rechtlichen Vorschriften und Sanktionsmaßnahmen notwendig. Eine Übersicht zur Historie des Fahrerlaubniswesens findet sich bei FOLLMANN (2000).

Vor ca. 15 Jahren haben sich die Rahmenbedingungen zum Erwerb einer Fahrerlaubnis wesentlich verändert. Seit dem 01.11.1986 erfolgt die Erteilung der (Erst-)Fahrerlaubnis auf Probe für zunächst zwei Jahre (bei Auffälligkeiten verlängert bis vier Jahre). Seit dem 01.04.1988 ist ein Einstieg in die Fahrerlaubnisklassen für Krafträder nur über den sogenannten Stufenführerschein möglich, d. h. es ist zunächst in den ersten beiden Jahren nur möglich, Krafträder mit einer Leistungsbegrenzung zu fahren und die Fahrerlaubnis dann zu erweitern.

Wenn der Verkehrsteilnehmer häufiger Verkehrsverstöße begeht, wird er nach einem Klassifikationssystem je nach Häufigkeit und Schwere der Verstöße verpflichtet, an einem Nachschulungskurs teilzunehmen, die Fahrerlaubnisprüfung erneut abzulegen oder sich einer medizinisch-psychologischen Untersuchung zu unterziehen. Das Einführen der Fahrerlaubnis auf Probe machte auch eine Fahranfängerdatei notwendig, in der die Fahranfänger wie auch deren etwaige Verstöße registriert werden. Diese Datei wird vom Kraftfahrt-Bundesamt geführt, welches bei Verstößen die zuständigen Verkehrsbehörden über die Notwendigkeit der Einleitung entsprechender Maßnahmen informiert (LIST & HEILER, 1989).

Mit Inkrafttreten der neuen Fahrerlaubnisverordnung zum 01.01.1999 haben sich die Fahrerlaubnisklassen im Zuge der europäischen Harmonisierung verändert. Eine Übersicht über alte und neue Fahrerlaubnisklassen findet sich im Anhang II.

In Bezug auf die Untersuchungsstichprobe lässt sich sagen, dass zu Beginn der 90er Jahre ca. 800.000 (zeitweilig 900.000) Personen eine neue Fahrerlaubnis pro Jahr erhalten haben. Die Zahl der Führerscheinerwerber ist jedoch inzwischen wieder rückläufig, da nunmehr die sogenannten geburtenschwachen Jahrgänge die Volljährigkeit erreichen. 1991 hatten 65 % der 18-jährigen und 90 % der 25-jährigen einen Führerschein (HEILER & JAGOW, 1992). Der Anteil der weiblichen Fahranfänger macht dabei ca. 53 % aller Fahrerlaubniserwerber aus. Der Erwerb der Fahrerlaubnis ist zwar heute nicht mehr nahezu ausschließlich eine männliche Domäne, allerdings ist dies hinsichtlich des Verlusts derselben innerhalb der Probezeit eher der Fall. Ungefähr 20.000 Fahranfängern - darunter nur 11 % Frauen - wird die Fahrerlaubnis in den ersten zwei Jahren wieder entzogen (KRAFTFAHRT-BUNDESAMT, 2000). Insgesamt verlieren nur etwas mehr als 2 % die Fahrerlaubnis in der Probezeit.

8

Was den Fahrzeugbesitz angeht, so gibt es keine gravierenden Unterschiede zwischen den Geschlechtern mehr. Insgesamt kommt in der Bundesrepublik auf jeweils zwei Bürger ein Kraftfahrzeug. Die bis 25-jährigen machen zwar nur 5,5 % aller Fahrzeughalter aus, vielfach sind die Fahrzeuge jedoch aus versicherungstechnischen Gründen über ein Elternteil angemeldet. Ungefähr 50-60 % der Fahranfänger verfügen dabei über ein eigenes Fahrzeug. In dreiviertel der Fälle handelt es sich um Gebrauchtwagen, die häufig (65 %) älter als fünf Jahre sind (DEUTSCHER VERKEHRSSICHERHEITSRAT, 1997).

3.2 Bedeutung der Fahrerlaubnis und des Fahrens

Wie zuvor beschrieben, ist die Abnabelung vom Elternhaus ein wesentlicher Bestandteil der jugendlichen Entwicklung. Die außerhäuslichen Freizeitaktivitäten, aber auch die Berufsausübung (bzw. der Weg zum Arbeitsplatz) erfordern ein erhebliches Maß an Mobilität. Beweglich zu sein ist aber auch Ausdruck von Freiheit und Unabhängigkeit – und das wohl nicht nur bei Jüngeren. Der Besitz oder zumindest die Nutzung eines Automobils ist dabei auch eine Möglichkeit, sich in der Gesellschaft als vollwertiges Mitglied darzustellen. Die Tatsache, dass man in der Regel mit 18 Jahren die Erlaubnis erhält, einen Pkw-Führerschein zu erwerben, bietet die Möglichkeit, in die Welt der Erwachsenen einzutreten, sich von den Nicht-Volljährigen abzugrenzen.

SCHULZE (1996) beschreibt Mobilität als Entwicklungsaufgabe. Vom Dreirad bis zum eigenen Auto werden Menschen immer wieder mit verkehrsbezogenen Entwicklungsaufgaben konfrontiert, die im Rahmen physiologischer (z. B. Gleichgewicht beim Fahrrad fahren) aber auch psychologischer Bedingungen (angemessenes Verhalten beim Auto fahren) bewältigt werden müssen.

Das Erproben von Verhalten setzt sich auch im Straßenverkehr bei den jungen Erwachsenen fort. Bei der Verkehrsteilnahme vorsichtig zu sein und risikoarm zu agieren, ist aber nicht populär (wenn der Fahrlehrer nicht mehr daneben sitzt) und verschafft einem kaum Anerkennung bei den gleichaltrigen männlichen Beifahrern. Die Struktur einer Clique ist oft durch Konkurrenzverhalten geprägt, das Auto meist mehr als ein reines Transportmittel. Das Bedürfnis nach Anerkennung und Imponiergehabe führt dann zu riskantem Fahrverhalten, wobei die 'Gegenwart' als entscheidende Zeitdimension gilt und mögliche Folgen nicht bedacht werden. Es kommt gerade dann zu (schweren) Unfällen, wenn Fahranfänger ihre Fahrkünste beweisen wollen.

GRÖNERT (1990) nennt Höflichkeit, Toleranz und Rücksichtnahme als zu erwartende Tugenden im öffentlichen Raum. In der Realität ist der Straßenverkehr aber negatives Vorbild für die Fahranfänger, weil auch hier Konkurrenz und Sich-durchsetzen-wollen vorherrschen und dies sogar noch in besonderem Maße gegenüber schwächeren Verkehrsteilnehmern. Bereits als Kind lernt man, auf die 'rasenden Autos' zu achten, und gewinnt den Eindruck, dass Rücksichtslosigkeit der Normalfall ist.

Das Verkehrsverhalten ist geprägt durch sogenannte männliche Rollenerwartungen (z. B. Aggressivität, Unabhängigkeit, Dominanz). Auch wenn diese männlichen Verhaltensweisen von weiblichen Jugendlichen heute manchmal übernommen werden, so bleibt das Rowdietum auf den Straßen doch (noch) eine vornehmlich männliche Domäne (HANSJOSTEN & SCHADE, 1997). Die Automobilwerbung verstärkt oft noch diese Stereotype. Besonders männliche Fahranfänger neigen dann zur Überschätzung des eigenen Fahrkönnens und damit unbewusst auch zu riskantem – bevorzugt zu schnellem – Fahren.

Bei einem Vergleich der Motivstruktur von jüngeren und älteren Fahrern (ROTHE, 1986) zeigte sich, dass die Auslebenstendenzen wie Spaß, Herausforderung und Sportlichkeit bei den Jüngeren im Vordergrund stehen und weniger die Erlebnisqualitäten wie Gefahrenwahrnehmung oder Furcht, die ein vorsichtiges, eher defensives Fahrverhalten nahelegten.

Betrachtet man diese Ergebnisse und Ausführungen zu den Fahrmotiven und Einstellungen der jungen Verkehrsteilnehmer, so verwundert es nicht, dass Fahranfänger auch überproportional häufig im Straßenverkehr auffällig werden.

4   Fahranfänger und Verkehrsauffälligkeiten

Fahranfänger sind bzgl. der Verkehrsauffälligkeiten, gemessen am ihrem Anteil an allen Verkehrsteilnehmern, überrepräsentiert. Insbesondere trifft dies auch auf die schwerwiegenden Auffälligkeiten, Unfälle mit Verletzten oder gar Toten, zu.

In diesem Kapitel soll neben den bloßen Zahlen aufgezeigt werden, warum Fahranfänger zu 'Verkehrssündern' werden, wobei der Schwerpunkt der Betrachtung auf die Trunkenheitstäter gelegt wird.

4.1   Zahlen und Daten

Im Jahr 1999 kamen 7.772 Personen in der Bundesrepublik im Straßenverkehr zu Tode. Betrachtet man nur die getöteten Fahrer und Mitfahrer von Pkw, so sind 4.640 Menschen betroffen gewesen. Im Straßenverkehr verletzt wurden 1999 insgesamt 521.127 Personen, davon 319.994 Fahrer und Mitfahrer von Pkw. Auch wenn die Zahlen sowohl bei den Verletzten, insbesondere aber bei den Getöteten rückläufig sind – 1970 kamen nur in den alten Bundesländern 8.989 Pkw-Fahrer zu Tode, 1998 immerhin noch 3.328 – so ist die Anzahl doch noch immer erheblich. Im Bewusstsein vieler (Kraftfahrer) ist dies jedoch nicht verankert. In den Medien wird über größere Unfall-Katastrophen berichtet, z. B. Busunfälle, Bahnunfälle oder Flugzeugabstürze, bei denen viele Menschen gleichzeitig ihr Leben gelassen haben. Der Alltag im Straßenverkehr wird eher beiläufig registriert und fast gar nicht reflektiert. Lediglich die Statistik macht deutlich, dass auch heute noch im Durchschnitt 21 Tote an jedem Tag des Jahres verzeichnet werden müssen.

Die Zahl der Verkehrsunfälle insgesamt hat seit Ende der 90er Jahre wieder zugenommen von 2.232.379 im Jahre 1997 auf 2.413.473 im Jahre 1999.

Betrachtet man nur die Altersgruppe der 15- bis 24-jährigen, so ist festzustellen, dass hier – wie insgesamt – die Anzahl der Verkehrstoten rückläufig ist, wobei 1998 noch 2.083 Personen getötet wurden. Bei den Verletzten stiegen die Zahlen Ende der 90er Jahre wieder leicht an auf schließlich 143.760 Personen im Jahr 1998.

Der Blick auf die Statistik im internationalen Vergleich bzgl. der Getöteten (Bezugsjahr 1999) zeigt, dass die Altersgruppe der 15- bis 24-jährigen in den meisten Ländern anteilig die meisten Getöteten zu verzeichnen hat. Im Vergleich von 27 Nationen (International Road Traffic and Accident Database/IRTAD/OECD) findet sich lediglich in vier Ländern (Finnland, Polen, Republik Korea, Ungarn) eine höhere Zahl von Getöteten (in Bezug auf 100.000 Einwohner) in der Altersgruppe der über 65-jährigen. Die Zahlen innerhalb der Altersgruppen variieren über die Länder allerdings erheblich. Bei den 15- bis 24-jährigen wurden beispielsweise in Schweden mit 8,6 die wenigsten, in Portugal mit 35,9 die meisten Personen pro 100.000 Einwohner im Straßenverkehr getötet. In Deutschland waren dies 23 Personen pro 100.000 Einwohner. Betrachtet man zum Vergleich die älteren erfahreneren 25- bis 64-jährigen Kraftfahrer, gab es in Schweden 6,1, in Portugal 22 und in Deutschland 8,5 Verkehrstote pro 100.000 Einwohner (alle Angaben über Internet BAST.DE, 2001).

4.2 Strukturen und Hintergründe von Verkehrsauffälligkeiten

HANSJOSTEN und SCHADE (1997) haben auf der Basis der Daten des Registers 'Fahrerlaubnis auf Probe' und des allgemeinen Verkehrszentralregisters die Einträge bei Fahranfängern von 1987 bis 1989 ausgewertet. Sie kommen zu dem Ergebnis, dass ca. 14 % der Fahranfänger in der Probezeit wegen einer Auffälligkeit registriert werden, wobei 12 % im Laufe der Probezeit so schwerwiegend auffallen, dass die zuständigen Verkehrsbehörden informiert werden, um weitere Maßnahmen (z. B. Nachschulungen) einzuleiten. Wie bereits erwähnt, erfolgt eine Entziehung dann nur noch bei gut 2 % der Fahranfänger. Die Autoren weisen darauf hin, dass bei stichtagsbezogener Auswertung der Registerbestände bisher immer von insgesamt 3-4 % registrierten Fahranfängern ausgegangen worden ist.

Auffällig ist auch die Unfallhäufigkeit bei Fahranfängern: Die Erhebung von HANSJOSTEN und SCHADE ergab, dass bei 40 % der registrierten Delikte bei den jungen Kraftfahrern ein Unfallzusammenhang besteht, wobei allgemein eine Unfallbeteiligung in ca. 13 % der Fälle anzunehmen sei. Die Autoren stellen außerdem fest, dass das Geschlecht der beste statistische Prädiktor für die Auffälligkeit in der Probezeit ist. Bei den männlichen Fahranfängern ergab sich eine Auffallensquote von 21 %, bei den Frauen von 7 %. Zusätzlich hatten die registrierten Männer 16 % mehr Einträge als die registrierten Frauen. Bei der Betrachtung der Rückfalltäter über zwei weitere Jahre nach der Probezeit stellten HANSJOSTEN und SCHADE fest, dass die jüngeren (18-jährigen) Fahranfänger nach der Probezeit zunächst mehr Auffälligkeiten haben als die älteren. Das könnte auch zu einem kleinen Teil darauf hinweisen, warum Frauen in der Probezeit so eklatant weniger häufig auffallen als Männer, denn sie sind beim Fahrerlaubniserwerb etwas älter (allerdings ist dies als Erklärung allein nicht ausreichend!). Von den in der Probezeit Aufgefallenen werden in den zwei Folgejahren nach Ablauf der Probezeit 28 % wieder auffällig. Von den Fahranfängern, die in der Probezeit keine registrierten Auffälligkeiten hatten, werden in den zwei folgenden Jahren nur 12 % ins Verkehrszentralregister aufgenommen. Diese Zahlenrelationen weisen darauf hin, dass das Auffälligwerden in der Probezeit einen bedeutsamer Indikator für die individuelle Disposition zu normbrechendem Verhalten darstellt.

Zu den Hintergründen der Auffälligkeiten lässt sich sagen, dass Fahranfänger viele Prozesse beim Auto fahren noch nicht automatisiert haben (Schalten, Kuppeln, Gas geben usw.). Wegen der fehlenden Routine fordern diese Prozesse Aufmerksamkeitskapazitäten, die dann an anderer Stelle fehlen. Aufgrund der fehlenden Fahrpraxis können Verkehrssituationen noch nicht routiniert bewertet werden, das Wesentliche noch nicht vom weniger Wichtigen unterschieden werden (SCHIRM, 1989).

Die häufigste Unfallursache bei jungen Fahrern ist überhöhte, nicht angepasste Geschwindigkeit. 1996 waren 37,1 % der Unfallfahrer bei sogenannten Geschwindigkeitsunfällen nicht älter als 25 Jahre, das Verhältnis Männer : Frauen lag etwa bei 4 : 1, eine derartige Relation zeigt sich auch bei den Getöteten (STATISTISCHES BUNDESAMT, 1997).

Verkehrsuntüchtigkeit (in den meisten Fällen durch Alkohol bedingt) ist in ca. 11 % der Fälle Ursache von Unfällen bei männlichen Fahranfängern (HOPPE et al., 1998). WEIßBRODT (1989) nennt vier Hauptmerkmale von Fehlverhaltensweisen bei Fahranfängern: nichtangepasste Geschwindigkeit, Vorfahrtfehler, ungenügender Sicherheitsabstand und Alkoholeinfluss.

Wie erwähnt, 'verteilen' sich die Auffälligkeiten nicht gleichmäßig über alle Fahranfänger (HOPPE et al., 1998; SCHULZE, 1996). Neben der Tatsache, dass überwiegend männliche Fahranfänger Verkehrsverstöße begehen, hat SCHULZE (1996) aufgrund der Analyse von Lebensstilen junger Menschen eine Fahranfängertypologie entwickelt.

In den neuen Bundesländern (Befragung 1991 von 960 Jugendlichen) fand er fünf Lebens- und Freizeitstilgruppen, davon drei Risikotypen. Da in die eigene Untersuchung nur

Fahranfänger aus den alten Bundesländern eingegangen sind, wird an dieser Stelle nicht ausführlich auf diese Typen (Ost) eingegangen.

Für die alten Bundesländer (1.024 Untersuchungsteilnehmer im Alter von 18-24 Jahren; Befragung 1989) fand SCHULZE sieben Stilgruppen. Vier Gruppen wiesen ein 'normales' Anfängerrisiko auf (Fashion-Typ, Kritischer Typ, Häuslicher Typ, Sportlicher Typ). Ungefähr 70 % der Befragten konnten diesen vier Gruppen zugeordnet werden. Die drei Typen mit erhöhtem Risiko werden kurz beschrieben:

1. Action-Typ: 16 % der Jugendlichen (72 % männl.); hauptsächlich außerhäusliche Freizeitaktivitäten (Kneipe, Disco), Autofahren als Freizeitbeschäftigung; sieht gern Actionfilme, wenig 'intellektuelle' Aktivitäten.

2. Fan-Typ: 9 % der Jugendlichen (83 % männl.); Fußball- und Discofan, zielloses Herumfahren und Nichtstun in der Freizeit, keine 'intellektuellen' Aktivitäten.

3. Kontra-Typ: 6 % der Jugendlichen (68 % männl.); lehnt Vereine, Fußball- und Discofans ab; Vorliebe für Rock, Punk und Heavy-Metal, ist einer intellektuellen Auseinandersetzung bei Musik und Film eher aufgeschlossen.

In diesen drei Gruppen findet sich der mit Abstand höchste Alkoholkonsum aller Jugendlichen. Trinkmengen und -häufigkeiten sind in der Woche wie am Wochenende sehr hoch, diese Jugendlichen zählen gleichzeitig zu den Vielfahrern, die häufig auch nachts unterwegs sind.

1996 hat SCHULZE (1999) erneut eine Querschnittuntersuchung zu den Lebensstilen 18- bis 24-jähriger durchgeführt, erweitert um eine Erhebung bei den 25- bis 34-jährigen. Der Fashion-Typ, der Kritische Typ, und der Häusliche Typ hatten bei den weniger risikobehafteten Fahranfängern überdauert. Der Sportliche Typ konnte nicht mehr als Stilgruppe extrahiert werden. SCHULZE führt dies darauf zurück, dass Sport insgesamt mehr zum Lebensgefüge gehört und daher ein besonderer Sport-Typ nicht mehr existiert, wie es noch 1989 der Fall gewesen ist.

Bei den Risiko-Typen hat der Action-Typ überdauert, der Fan- und Kontra-Typ hingegen nicht. Stattdessen ergab sich ein neuer, der 'kicksuchende Typ':

1. Action-Typ: 18 % der Befragten (84 % männl.); hohe Fahrleistung, hoher Anteil an Zweiradführerschein, Autozentriertheit, Bedürfnis nach 'Sensation-Seeking', zweithöchste Trinkfrequenz mit hohen Trinkmengen;

2. Kicksuchender Typ: 19,2 % der Befragten (61 % männl.); jüngstes Durchschnittsalter, geringster Anteil an Hauptschulabsolventen, niedrige Fahrleistung mit vielen Unfällen, 'High-Sensation-Seeker', häufigster und höchster Alkoholkonsum;

Im Vergleich zu 1989 zeigte sich, dass der relative Anteil der Risiko-Typen etwas zugenommen hat, wobei die absoluten Zahlen wegen der Veränderung der Bevölkerungsstruktur zurückgegangen sind. Auffällig ist auch, dass der Anteil der Frauen bei den Risikotypen insgesamt zugenommen hat.

Für die 25- bis 34-jährigen, die im Vergleich zu Älteren auch noch ein erhöhtes Unfallrisiko aufweisen, wurden die gleichen fünf Typen gewonnen, allerdings mit schwächeren Ausprägungen bei den genannten Charakteristika.

FOLLMANN (2000) hat auf der Basis der auch der eigenen Untersuchung zugrunde liegenden Stichprobe (anhand einer anderen Teilstichprobe) Prädiktoren für nichtalkoholbedingte Auffälligkeiten bei Fahranfängern ermittelt. Er kommt zu dem Ergebnis, dass vor allem eine hohe Risikobereitschaft (und eingeschränkt eine 'externale Kontrollüberzeugung') ein negatives Prognosekriterium für die Legalbewährung darstellt. Ein Unterschied bei den Einstellungen zum Alkohol im Straßenverkehr bzw. bei den tatsächlichen Trinkgewohnheiten zwischen Aufgefallenen und Nicht-Aufgefallenen (keine Alkoholverstöße!) ergab sich nicht.

4.3 Junge Trunkenheitstäter

Alkoholkonsum verändert das Verhalten, er führt oftmals zur einer Überschätzung der eigenen Leistungsfähigkeit bei gleichzeitigem Absinken des Verantwortungsbewusstseins. Unter Alkoholeinfluss sind Hemmungen abgebaut und die Selbstkontrolle verringert sich. Dies hat auch erhebliche Auswirkungen auf die (und vor allem bei der) Verkehrsteilnahme.

Insgesamt ist der Anteil der jungen Verkehrsteilnehmer an Alkoholunfällen überproportional hoch. Zwischen 25 und 30 % der Alkoholunfälle mit Verletzten oder Getöteten werden von Kraftfahrern unter 25 Jahren verursacht. Alkohol als Unfallursache bei jungen Fahrern ist überwiegend (wie auch insgesamt bei allen Kraftfahrern) ein männliches Problem. 1996 wurden ca. 92% aller Alkoholunfälle von Männern verursacht. In der Altersgruppe der 18- bis 25-jährigen verursachten 1996 männliche Fahrer 15mal mehr alkoholbedingte Unfälle mit Verletzungsfolgen als weibliche (STATISTISCHES BUNDESAMT, 1997).

1999 wurden insgesamt 18.208 Pkw-Unfälle mit Personenschaden registriert, bei denen eine Alkoholbeteiligung festgestellt worden war. Auf die Altersgruppe der 18- bis 25-jährigen entfielen 5.631 Fälle (31 %), wobei der Anteil an der Gesamtbevölkerung nur ca. 8 % beträgt. Betrachtet man die ermittelten Blutalkoholkonzentrationen, so zeigt sich, dass 1.226 Personen (21,7 %) bis 0,79 Promille, 912 alkoholisierte Unfallbeteiligte (16,1 %) zwischen 0,8 und 1,09 Promille auswiesen und 3.415 Personen (60,4 %) 1,1 Promille und mehr hatten. Bei 604 Beteiligten dieser Alterskategorie (10,7 %) wurde sogar eine Blutalkoholkonzentration von 2 Promille und mehr ermittelt. Der Anteil der Männer lag in den Gruppen jeweils bei ungefähr 92 %. Die jungen Kraftfahrer sind in dieser Gruppe der Verkehrsauffälligen zwar deutlich überrepräsentiert, der Anteil der verunfallten Alkoholtäter mit Werten über 1,1 Promille ist jedoch in den folgenden Alterskategorien anteilig höher. Bei 73 % der 26- bis 35-jährigen, 75 % der 36- bis 60-jährigen und 63 % der über 60-jährigen – letztgenannte machen jedoch nur 4 % der insgesamt Registrierten aus – wurden Blutalkoholkonzentrationen über 1,1 Promille ermittelt (STATISTISCHES BUNDESAMT, 2000).

Die meisten Unfälle von Fahranfängern ereignen sich am Wochenende (samstags und sonntags) zwischen 18.00 abends und 04.00 Uhr morgens. Außerhäusliche Freizeitaktivitäten – auch und gerade in Verbindung mit Auto fahren – gehören bei den jungen Fahrern zu den bevorzugten Beschäftigungen. Am Wochenende steht der Discobesuch an erster Stelle, wobei der Alkoholkonsum (mit der Clique) dazu gehört (MALCHAU, 1991). Discotheken sind heute oftmals Freizeitzentren mit vielfältigen Beschäftigungsmöglichkeiten (Fitness, Kino, Bistro, Bowling uvm.), dies insbesondere im ländlichen Raum. Heute spielen aber sicherlich auch illegale Drogen eine zunehmend bedeutsamere Rolle, vor allem in der Techno-Szene.

An den Discobesuch sind bestimmte Erwartungen geknüpft, z. B. die Selbstdarstellung in der Peergroup, Anknüpfen sexueller Beziehungen usw. Zum einen steht der Alkoholkonsum häufig in unmittelbarem Zusammenhang mit diesen Erwartungen (man ist cool, wenn man viel Alkohol trinken kann), anderseits kann aber das Ausbleiben der Erfüllung der Erwartungen auch zu Frustration und dann zu vermehrtem Alkoholtrinken und oft auch aggressivem Verhalten führen. Aggressionen werden dann wiederum häufig auch in den Straßenverkehr übertragen. Es werden verschiedene Discos 'abgeklappert', Trinken und Fahren wird nicht mehr getrennt.

KÜHNEN und PÖPPEL-DECKER (1995) beschreiben, dass Fahrten unter Alkoholeinfluss das (eher altersunabhängige) Problem des nächtlichen Freizeitverkehrs ist. Bei der Auswertung der Unfallstatistik 1992/93 wurde deutlich, dass 20 % aller jungen Unfallfahrer unter Alkoholeinfluss standen. Der Anteil war um so höher, je ländlicher die untersuchte Region gewesen ist. 40 % der Alkoholtäter bei dieser Untersuchung waren jünger als 25 Jahre.

SCHULZE (1998) hat nächtliche Freizeitunfälle von jungen Fahrern untersucht, bei denen mindestens zwei Personen schwer verletzt oder eine getötet worden ist, es sind also nur die äußerst schwerwiegenden Verstöße (dreimonatiger Erfassungszeitraum 1995) in diese Untersuchung eingegangen. Hierbei wurden die Altersgruppen der 18- bis 24-jährigen und der 25- bis 34-jährigen miteinander verglichen. Bei den Jüngeren wurde in 46 % der Unfälle, bei den Älteren in 61 % Alkohol als Ursache genannt, die durchschnittliche Blutalkoholkonzentration lag bei 1,2 Promille (1,5 Promille bei den Älteren). Fast jeder dritte Unfallfahrer hatte über 1,6 Promille und jeder siebte über 2 Promille. SCHULZE geht davon aus, dass der Anteil alkoholbedingter Unfälle insgesamt sogar bei ca. 70 % anzusetzen ist, da in einigen Fällen eine Blutalkoholkonzentration gar nicht bestimmt wurde, so z. B. bei Unfallflucht, wenn das Ergebnis aus technischen Gründen nicht ermittelt wurde oder weil der Unfallfahrer verstorben ist und auf eine Leichenblutentnahme, wie häufig üblich, verzichtet wurde (in einigen Fällen ist der Fahrer auch verbrannt). Wie zu erwarten gewesen ist, war der Hauptanteil der Unfallfahrer männlich, 85,5 % bei den jüngeren und 87 % bei den älteren Fahrern. Von den Männern standen nachgewiesen 54,8 % unter Alkoholeinfluss (durchschnittliche Blutalkoholkonzentration 1,3 Promille), bei den Frauen waren 15 % alkoholisiert (durchschnittliche Blutalkoholkonzentration 0,95 Promille).

SCHULZE (1996) kommt auch in Bezug auf eine Erhebung von Disco-Unfällen aus früherer Zeit (MAARTHIENS & SCHULZE, 1989) zu dem Ergebnis, dass die überwiegende Zahl der Unfälle wohl hätte vermieden werden können, wenn die Fahrer nicht alkoholisiert gewesen wären. Von 196 auf Alkoholeinfluss untersuchten Fahrern hatten 113 eine Blutalkoholkonzentration von über 0,3 Promille, jeder Dritte sogar mehr als 1,3 Promille

Betrachtet man die Alkoholunfallstatistik 1993, so zeigt sich, dass 83 % der 16- bis 25-jährigen Fahrer über 0,8 Promille, davon mehr als die Hälfte (52 %) über 1,4 Promille hatten (RUNGE, 1996).

Nach einer Vergleichsuntersuchung von Alkoholdelikten im Straßenverkehr von zwei Stichproben, die aus unterschiedlichen Regionen (Nord und Süd) stammen, kommt WINKLER (1985) zu dem Ergebnis, dass der typische alkoholisierte Fahranfänger ein männlicher Arbeiter ist, der vorwiegend am Wochenende zwischen 20.00 und 06.00 Uhr durch einen Unfall (Abkommen von der Fahrbahn) mit einem Pkw und mehr als 1,4 Promille auffällt.

Bezüglich der Geschlechterverteilung stellt ZEILER (1993) zwar einen Anstieg der Trunkenheitstäterinnen in den 80er Jahren fest (von 5,33 % 1980 auf 7,87 % 1990, bezogen auf die Gesamtgruppe der Trunkenheitstäter), dennoch lässt sich aus dieser Verteilung wohl noch keine Angleichung der Geschlechter ableiten.

In einer Untersuchung von HANSJOSTEN und SCHADE (1997) bezüglich der Alkoholverstöße bei Fahranfängern innerhalb der Probezeit (ab 1987), stellen die Autoren fest, dass 26 % der Erstauffälligkeiten mit Alkohol Verstöße gegen § 24 a StVG (> 0,8 Promille aber < 1,1 Promille) sind. Sie verweisen darauf, dass bei einer Stichprobe von 1990 (SCHADE, EMSBACH & HANSJOSTEN, 1995) nur 12 % sogenannte 0,8-Promille-Verstöße zu finden waren. Mit zunehmendem Alter reduziert sich der Anteil dieser Verstöße "zugunsten" der Alkohol-Straftaten (in der Regel mit über 1,09 Promille). Auch bei SCHADE et al. zeigte sich, dass fast zwei Drittel der Verstöße auf Wochenendtage fallen, in 40 % der Fälle kommt es zu Unfällen, von denen 85 % mit Personenschaden verbunden sind.

Der Anteil der weiblichen Fahranfänger mit Alkoholverstößen lag bei insgesamt 8 %. Der Frauenanteil an den Trunkenheitstätern stieg mit zunehmendem Alter der Fahranfänger (von ca. 5 % bei den 16 bis 18-jährigen auf 12 % bei den über 24-jährigen), es wurde aber darauf hingewiesen, dass der Frauenanteil auch insgesamt bei den älteren verkehrsauffälligen Fahranfängern zunimmt. Bezüglich des Rückfallrisikos ergab sich bei den wegen Alkoholverstößen in der Probezeit Aufgefallenen ein auch insgesamt erhöhtes Risiko für weitere Verkehrsverstöße ohne Alkoholeinfluss.

4.4 Ursachen und Hintergründe von Trunkenheitsfahrten

Zunächst soll generell – also auch unabhängig vom Alter – auf die „Entstehungsge-schichte" von Trunkenheitsfahrten unter hoher Blutalkoholkonzentration eingegangen wer-den.

Heute kursiert vielfach – außerhalb von Fachdiskussionen – noch immer die Vorstellung, dass Trunkenheitstäter im Grunde genommen Pechvögel sind, die aus einer großen Mas-se von angetrunkenen bzw. betrunkenen Kraftfahrern von der Polizei mehr oder weniger zufällig erwischt worden sind. Die meisten Menschen nehmen an, selbst schon einmal unter unzulässig hoher Blutalkoholkonzentration am Straßenverkehr teilgenommen zu ha-ben. Sie schließen dies aus der Tatsache der eigenen subjektiven Beeinträchtigung nach Alkoholkonsum. Die Informationskampagnen bzgl. Alkohol am Steuer suggerieren, dass bereits geringe Trinkmengen zu einer Blutalkoholkonzentration führen könnten, die eine Teilnahme am Straßenverkehr nicht mehr zulässt („Bereits das zweite Bier kann schon zu viel sein!"), was den objektiven Tatsachen widerspricht. Um beispielsweise eine Blutalko-holkonzentration von 0,8 Promille zu erreichen, muss ein durchschnittlich schwerer Mann (75 kg) ca. zwei Liter Bier oder einen Liter Wein in normalem Trinktempo konsumieren (STEPHAN, 1988a). Selbst um die heute geltende 0,5-Promille-Grenze sicher zu erreichen, muss ein solch durchschnittlich schwerer Mann mindestens 1,2 Liter Bier oder gut einen halben Liter Wein trinken.

Sogenannte Trinkversuche haben gezeigt, dass die meisten Personen den Grad der eige-nen Alkoholisierung überschätzen (STEPHAN, 1988a; KUNKEL, 1985). Als Informations-grundlagen dienen dabei eben das vermeintliche Wissen über die Wirkung von Alkohol und wesentlich das eigene Empfinden der aktuell erlebten Beeinträchtigung durch den Alkohol. Objektiv werden bei derartigen Trinkproben jedoch von Teilnehmern, die im sozial üblichen Rahmen Alkohol gewohnt sind, in der Spitze meist nicht mehr als 1,1 bis 1,3 Promille erreicht. Das Gros der Personen überschreitet nicht die 0,8-Promillegrenze (MÜLLER, 1976). Die körperlichen Warnsignale (Müdigkeit, Übelkeit, Sprachschwierigkeiten u. ä.) sind dann so groß, dass der Alkoholkonsum eingestellt wird. Befragt man die Be-troffenen dann nach einer Schätzung der Blut- bzw. Atemalkoholkonzentration, wird meist ein viel höherer Wert vermutet als dies tatsächlich der Fall ist. Lässt man diese Personen dann noch einen Fahrtest absolvieren, kommt es meist zu erheblichen Schwierigkeiten bei der Bewältigung eines Parcours (STEPHAN, 1988a).

Die Frage ist, wie es dann dazu kommt, dass Kraftfahrer mit Blutalkoholkonzentrationen, die teilweise weit über 1,1 Promille liegen, am Straßenverkehr teilnehmen, oftmals ohne subjektiv wahrgenommene Ausfälle. Der menschliche Körper ist in der Lage, sich an Gifte zu gewöhnen. Die häufige Aufnahme von Alkohol führt dazu, dass sich der Körper an dieses Gift gewöhnt, größere Mengen vertragen kann, ohne dass es zu den genannten subjektiv erlebten Ausfallerscheinungen kommt. Entwickelt eine Person durch häufigen Alkoholkonsum eine Alkoholtoleranz, müssen immer größere Alkoholmengen aufgenommen werden, um eine (Rausch-)Wirkung zu erzielen. Der Körper lernt, mit Alkohol umzugehen, die subjektive Beeinträchtigung durch Alkohol ist auch bei größeren Mengen gering (FEUERLEIN, 1989). Bei Befragungen von Trunkenheitstätern – z. B. im Rahmen von Eignungsbegutachtungen – zeigt sich immer wieder, dass diese äußern, überrascht gewesen zu sein, wie hoch ihre Blutalkoholkonzentration gewesen ist (in derartigen Fällen meist über 1,6 Promille!). Der Grad der eigenen Alkoholisierung wird also unterschätzt, auch weil die körperlichen Warnsignale (s. o.) ausbleiben. Objektiv gesehen sind diese Personen aber im Zustand der Alkoholisierung in ihrer Wahrnehmungsfähigkeit und dem Reaktionsvermögen deutlich eingeschränkt und stellen somit ein erhebliches Risiko im Straßenverkehr dar.

Untersuchungen im Zusammenhang mit Fahreignungsbegutachtungen (Medizinisch-Psychologische Untersuchung, MPU) haben immer wieder gezeigt, dass die Teilnahme am Straßenverkehr in alkoholisiertem Zustand nicht isoliert von den sonstigen Trinkgewohnheiten betrachtet werden kann. Das heißt, dass die Trinkmenge im Vorfeld einer Trunkenheitsfahrt nicht ausnahmsweise hoch gewesen sein kann, denn sonst wäre die betreffende Person nicht in der Lage gewesen, noch derart zielgerichtete Handlungen durchzuführen, wie es das Führen eines Kraftfahrzeuges verlangt.

Ein wesentlicher Grund, als Jugendlicher bzw. junger Erwachsener zum alkoholisierten Kraftfahrer zu werden, ist ebenso im generellen Umgang mit dem Suchtmittel Alkohol zu sehen, also den Konsumgewohnheiten unabhängig von einer (beabsichtigten) Verkehrsteilnahme. WINKLER (1985) stellte in seiner Untersuchung fest, dass bei ca. 40 % der Fahranfänger Blutalkoholkonzentrationen zwischen 1,3 und 1,8 Promille und bei einem Viertel der Stichprobe mehr als 1,8 Promille registriert worden sind. Er kommt zu dem Schluss, *"dass unter den alkoholauffälligen Fahranfängern viele sogenannte 'Problemtrin-*

ker' zu finden sind, d. h. Personen, die ein Alkoholproblem haben oder bereits Alkoholiker sind." (S. 451).

Auch die im vorherigen Abschnitt dargestellten Statistiken bzgl. der erreichten Blutalkohol-konzentrationen bei 18- bis 24jährigen Kraftfahrern machen deutlich, dass ein Großteil dieser Alkoholtäter eine Alkoholgewöhnung aufweist, die auf eine Alkoholproblematik schließen lässt.

In der Masse der Fälle handelt es sich heute bei den Trunkenheitstätern um fahrende Trinker und nicht um trinkende Fahrer (STEPHAN, 1988a). Hierin unterscheiden sich die Fahranfänger wohl nur wenig vom Rest der Trunkenheitstäter. Dass sie in der Gruppe der Auffälligen überrepräsentiert sind, ist auf zusätzliche jugendspezifische Determinanten zurückzuführen, nämlich die besondere Risikoneigung, Überschätzung der eigenen Fähig-keiten, Imponiergehabe und auch den häufigeren Fahrzeuggebrauch v. a. bei der nächtli-chen Freizeitgestaltung, die eben oftmals auch mit Alkoholkonsum kombiniert ist.

Die von SCHULZE (1996, 1999) beschriebenen Risiko-Typen (siehe weiter oben) sind be-sonders gekennzeichnet durch überdurchschnittlichen Alkoholkonsum.

Auch RUNGE (1996) kommt zu dem Schluss, dass bei Trunkenheitsfahrten der jungen Ver-kehrsteilnehmer eine ungelöste Alkoholproblematik im Vordergrund steht. Wegen der Un-sicherheiten, welche Trinkmenge zum Erreichen der gesetzlichen Grenzwerte notwendig bzw. noch zulässig ist, wird die subjektiv erlebte Beeinträchtigung als Maßstab für die Fahrtauglichkeit herangezogen. Bei starken Trinkern, also bei den alkoholgewöhnten Fahranfängern, bei denen das "Körperwarnsystem" versagt, kommt es dann zu Trunken-heitsfahrten, weil sie sich subjektiv fahrtauglich fühlen. Wird man dann nicht kontrolliert (was wegen der eher geringen Kontrolldichte wahrscheinlich ist), wird das Verhalten als erfolgreich bewertet, wenn es nicht zu einem Unfall kommt. Der wiederholte Erfolg ver-stärkt dann wiederum das eigene Handeln, die Trinkmengen werden erhöht, das Fahren in alkoholisiertem Zustand wird fortgesetzt.

Es bleibt zusammenfassend festzuhalten: Der größte Teil der alkoholauffälligen Kraftfahrer rekrutiert sich aus der Personengruppe mit einem generellen Alkoholüberkonsum. Für je-manden, der viel und häufig trinkt, stellt der Alkoholkonsum einen wichtigen Lebensinhalt dar (z. B. in der Freizeitgestaltung). Dies trifft auch auf die Gruppe der jungen Erwachsenen zu. Mit Erreichen der Volljährigkeit wird den Jugendlichen eingeräumt, als Kraftfahrer am Straßenverkehr teilzunehmen. Gleichzeitig ist dies das Alter, in dem der Alkoholkonsum steigt und das Alkoholtrinken auch als ein Prozess des Erwachsenwerdens betrachtet wird. Häufig kommt es dann zu einer Koppelung des Trinkens und anschließenden Fahrens und somit letztendlich irgendwann auch zu einer registrierten Trunkenheitsfahrt. Insofern ist es wenig sinnvoll, jugendliche Problemtrinker – und das ist eben ein großer Teil der jungen Trunkenheitstäter – zur Trennung von Trinken und Fahren oder gar zu einem kontrollierten Trinken im Bereich erlaubter Promillegrenzen zu bringen, denn sie sind aufgrund der Bedeutung des Alkoholtrinkens und der damit verbundenen Alkoholgewöhnung dauerhaft nicht zu einem solch kontrollierten Verhalten in der Lage. Es gilt also vielmehr bei den generellen Trinkgewohnheiten der jungen Fahranfänger anzusetzen. Suchtberatung und –behandlung scheint dann eher auch probates Mittel zur Vermeidung von Alkoholverstößen.

Auf den Alkoholkonsum, insbesondere bei den Jugendlichen und jungen Erwachsenen, wird im nächsten Abschnitt näher eingegangen.

5   Alkoholkonsum und andere Drogen

Alkohol wird heutzutage eingesetzt aus medizinischen Gründen, bei religiösen Ritualen (z. B. Abendmahl in den christlichen Kirchen), am häufigsten jedoch als Genuss-, Nahrungs- und Rauschmittel. Er hat physiologisch und psychologisch eine entspannende, eine enthemmend-euphorisierende aber auch eine narkotisierende Funktion.

Die Alkoholaufnahme zieht ebenso eine Reihe von negativen physiologischen Wirkungen nach sich. Das Sehvermögen (z. B. Sehschärfe, Doppelsehen, Verengung des Blickfeldes) und der Gleichgewichtssinn sind nach Alkoholkonsum ebenso beeinträchtigt wie das Reaktionsvermögen oder die Erholungsfunktion des Schlafes (RAULE, 1990).

Bevor genauer auf den Alkoholkonsum von Jugendlichen eingegangen wird, soll kurz die Bedeutung des Alkohols generell in unserer heutigen Gesellschaft beschrieben werden.

5.1 Gesellschaftliche Bedeutung des Alkohols

Man unterscheidet in der Regel vier verschiedene Kulturtypen bzgl. des Alkoholkonsums (PITTMAN, 1964, nach STIMMER & MÜLLER-TEUSLER, 1999):

1. Abstinenzkulturen, in denen die gesamte Gesellschaft keinen (bzw. nur Wenige im Verborgenen) Alkohol konsumiert, wobei der Konsum oftmals auch unter Strafe steht (z. B. hinduistische oder islamisch geprägte Kulturen);

2. Ambivalenzkulturen, mit uneindeutigen Vorstellungen und Regelungen, oft regional große Unterschiede (z. B. in den USA);

3. Permissivkulturen, in denen Alkoholkonsum erlaubt ist, eher ein deutliches Zulassen/Tolerieren von Alkoholkonsum herrscht, dennoch aber Grenzen festgelegt sind (z. B. im Straßenverkehr, bei der Arbeit u. ä.);

4. Permissiv-funktionsgestörte Kulturen, in denen auch Trunkenheit und Abhängigkeit toleriert sind.

Wenngleich eine permissiv-funktionsgestörte Kultur in 'Reinform' wohl bisher nicht existiert, kann man feststellen, dass die deutschen Verhältnisse sich eher zwischen der Permissiv- und der permissiv-funktionsgestörten Kultur bewegen. Alkohol hat in der Bundesrepublik eine enorme gesellschaftliche Bedeutung. Folgende Berechnung zeigt dies in eindrucksvoller Weise:

"Die Gesamtausgaben für Alkoholika machen den Umfang deutlich: 1988 betrugen sie 36,27 Milliarden DM. Was dies wirklich heißt, macht erst eine Umrechnung sichtbar: pro Minute werden 70.000 DM, pro Stunde 4,2 Millionen DM für Alkoholika ausgegeben, jede Minute, jede Stunde wieder, Tag und Nacht, das ganze Jahr über." (STIMMER & MÜLLER-TEUSLER, 1999, S. 30).

Insgesamt ist der pro-Kopf-Verbrauch an Alkohol in Deutschland allerdings rückläufig. Während 1990 und 1991 noch ca. 12 Liter reinen Alkohols pro Kopf im Jahr getrunken wurden, waren es 1998 bzw. 1999 jeweils 'nur' noch 10,6 Liter. In den Jahren zuvor gab es einen deutlichen Anstieg. 1950 lag der pro-Kopf-Verbrauch noch bei 3,1 Liter, 1960 bereits bei 7,3 Liter (DEUTSCHE HAUPTSTELLE GEGEN DIE SUCHTGEFAHREN, 1992, 2000).

Das beliebteste alkoholische Getränk in der Bundesrepublik ist Bier, gefolgt von Wein, Sekt und Spirituosen. Auch der Bier- und Weinverbrauch ist rückläufig. Während z. B. 1990 noch 142,7 Liter Bier pro Kopf getrunken wurden, waren dies 1996 131,7 Liter (DEUTSCHE HAUPTSTELLE GEGEN DIE SUCHTGEFAHREN, 1997). Bei diesen pro-Kopf-Berechnungen muss allerdings berücksichtigt werden, dass der Konsum nicht gleichmäßig über die gesamte Bevölkerung verteilt ist. Berücksichtigt werden müssen die Abstinenten genauso wie die Vieltrinker bzw. Alkoholabhängigen (vgl. hierzu die Abschnitte 5.2/5.3).

5.2 Jugendliche und Alkoholkonsum: Sozial übliches Trinkverhalten

Aufgrund der Bedeutung des Alkoholtrinkens in unserer Gesellschaft ist es einleuchtend, dass Alkohol als Genuss- aber eben auch als Rauschmittel auch bei Jugendlichen eine große Rolle spielt.

Die sozialwissenschaftliche Jugendforschung sieht den Konsum legaler Drogen als Bestandteil der jugendlichen Entwicklung: *"Jugendliche müssen sich – gedanklich und handelnd – mit dem Konsum der legalen Drogen beschäftigen und auseinandersetzen können, weil sie sonst in einer von Drogen geprägten Lebensumwelt sozial inkompetent bleiben würden."* (HURRELMANN, 1997, S. 211). Einfluss üben hierbei einerseits die Peergroup aus, in der sich der Betreffende bewegt, mit deren Normen er sich identifiziert, andererseits aber auch das elterliche Umfeld, in dem in der Regel die ersten Alkoholkontakte stattfinden. Kinder 'lernen' das Alkoholtrinken in der eigenen Familie, meist bei Feiern (Geburtstag, Hochzeit, Silvester usw.), die Eltern, Onkel und Tanten leben vor, wie mit Alkohol umzugehen ist.

Bis zum 10. Lebensjahr haben die meisten Kinder bereits einmal Alkohol probiert. Mit ca. 12 Jahren beginnt der Einstieg in den Alkoholkonsum, ab dem 14. Lebensjahr wird außerhalb der Herkunftsfamilie (in der Regel in der Peergroup) Alkohol konsumiert. Das Durchschnittsalter des ersten Rauscherlebens liegt bei ca. 15 Jahren. Bereits 25 % der 17- bis 18-jährigen trinken täglich oder zumindest mehrmals wöchentlich Alkohol (FRANZKOWIAK, 1986). Eine Untersuchung von KOLIP, NORDLOHNE und HURRELMANN (1995) erbrachte bei der Befragung von 12- bis 16-jährigen Schülern, dass der Anteil der gelegentlichen Konsumenten von der 7. Jahrgangsstufe zur 9. Klasse von 21 % auf 56,1 % steigt, der Anteil der Abstinenten von 28,7 % auf 8,5 % sinkt.

Alkohol ist heute ein noch immer toleriertes Rauschmittel. Er ist relativ leicht verfügbar und der Konsum unterliegt in der Regel keinerlei Ächtung. Vielmehr gilt es häufig – v. a. bei Männern – als positives Attribut, große Mengen an Alkohol konsumieren zu können.

Wenn heute häufig in Bezug auf den Konsum berauschender Mittel (Zigaretten, Alkohol, Drogen) von einer Angleichung zwischen den Geschlechtern die Rede ist, so betrifft dies eigentlich nur die Jüngeren. Das heißt in erster Linie, dass der Einstieg in das Konsumverhalten, das erste Erproben von Alkohol oder Drogen zwischen den Geschlechtern sehr ähnlich ist. Ab dem 16., 17. Lebensjahr werden Unterschiede aber immer deutlicher. Die männlichen Jugendlichen rauchen mehr, trinken häufiger und mehr Alkohol, ihnen obliegt insbesondere der Bereich des 'härteren' Konsums von Alkohol, Zigaretten und auch illegalen Drogen, also der quantitativ stärkere Konsum, aber auch die Wahl der stärkeren Rauschmittel (HELFFERICH, 1995). Insbesondere die männlichen Jugendlichen, die einer Clique angehören, in der Alkoholkonsum ritualisiert ist und exzessiv betrieben wird, müssen als 'Problemfälle' betrachtet werden, weil der Alkoholkonsum häufig als Mittel der männlichen Identitätsfindung eingesetzt wird.

REUBAND (1989) weist aber auch darauf hin, dass der Umgang mit Alkohol bei Jugendlichen nicht zwangsläufig exzessiv ist und automatisch im Rausch endet. Auch unter den Jugendlichen ist der Konsum in der Mehrzahl der Fälle eher moderat. Etwa 7 bis 8 % der Jugendlichen sind alkoholgefährdet (TÖLLE, 1990), ca. 8 % trinken überhaupt keinen Alkohol (BUNDESZENTRALE FÜR GESUNDHEITLICHE AUFKLÄRUNG, 2001).

Bier ist auch bei den Jugendlichen beider Geschlechter das am häufigsten konsumierte alkoholische Getränk. 1993 gaben bei einer Befragung 12- bis 25-jähriger 51 % der männlichen und 12 % der weiblichen Befragten (alte Bundesländer) an, mindestens einmal pro Woche Bier zu trinken. Betrachtet man getrennte Altersgruppen, so erklärten 13 % der 12- bis 17-jährigen und 43 % der 18- bis 25-jährigen, mindestens einmal pro Woche Bier zu konsumieren (STIMMER & MÜLLER-TEUSLER, 1999). Insgesamt ist der Alkoholkonsum bei allen Getränkearten allerdings auch bei Jugendlichen rückläufig. Eine Langzeitstudie von TÖPPICH und CHRISTIANSEN (1996) zeigt, dass schon zwischen 1973 und 1993 die Konsumhäufigkeiten von Bier, Wein und Spirituosen bei 12- bis 25-jährigen zurückgegangen sind. Betrachtet man die Konsumgewohnheiten der 18- bis 25-jährigen (alte Bundesländer), so gaben 2000/2001 nur noch 31 % an, mindestens einmal pro Woche Bier zu trinken (BUNDESZENTRALE FÜR GESUNDHEITLICHE AUFKLÄRUNG, 2001). Vor allem der Alkoholkonsum an Werktagen ist seit Beginn der 80er Jahre rückläufig, wobei an den Wochenenden, an denen häufiger getrunken wird, kaum Veränderungen feststellbar sind.

SCHULZE (1996, 1999) bestätigt den Zusammenhang zwischen Trinkhäufigkeit und Trinkmenge. In seiner Typologie von Jugendstilen findet man den höchsten Konsum bei den Gruppen, die auch am häufigsten Alkohol trinken (vgl. hierzu Abschnitt 4.2).

5.3 Alkoholgefährdete Jugendliche: Trinktypen und Alkoholismus

Bei der Klassifikation von Störungen durch Alkohol wird zwischen Alkoholmissbrauch und Alkoholabhängigkeit unterschieden, wobei der Begriff Alkoholismus häufig synonym zu Abhängigkeit verwendet wird. Missbrauch ist gekennzeichnet durch einen Alkoholkonsum, der zu körperlichen und/oder psychosozialen Schäden führt. Bei der Abhängigkeit werden zwei Formen unterschieden (nach FEUERLEIN et al., 1991):

1. körperliche Abhängigkeit mit Toleranzerhöhung und Entzugssymptomen sowie

2. psychische Abhängigkeit mit Kontrollverlust, Zentrierung des Denkens und Strebens auf Alkohol, Alkoholkonsum trotz des Wissens um alkoholbezogene Probleme.

Alkoholismus ist seit 1968 eine (gerichtlich) anerkannte Krankheit. Die Diagnose dieser Krankheit ist nicht ausschließlich eine Frage der konsumierten Alkoholmenge bzw. der Trinkgewohnheiten. Getrennt hiervon ist die Gefährdung einer durch Alkoholkonsum ausgelösten Erkrankung zu sehen. So ist z. B. bei einer täglichen Aufnahme von mehr als 60 g reinen Alkohols bei Männern und mehr als 20 g bei Frauen das Risiko einer Leberzirrhose mit Bauchwassersucht erheblich gesteigert. Allgemein wird der Konsum von mehr als 60 g bei Männern und 40 g bei Frauen aus medizinischer Sicht als bedenklich bewertet (FEUERLEIN, 1989). Der Alkohol wird größtenteils über die Leber abgebaut, wobei eine gesunde Leber maximal 170 g Alkohol pro Tag metabolisieren kann (FEUERLEIN et al., 1991).

Die wohl am weitesten verbreitete Typologie des Trinkverhaltens/der Alkoholkrankheit stammt von JELLINEK (1969), der jede Form von Alkoholkonsum als Alkoholismus betrachtet, wenn dabei der Konsument oder Andere geschädigt werden. Er unterscheidet fünf Trinker-Typen:

1. Alpha-Typ: Konflikt- oder Erleichterungstrinker, psychische Abhängigkeit aber kein Kontrollverlust;

2. Beta-Typ: Gelegenheitstrinker, keine Abhängigkeit, kein Kontrollverlust;

3. Gamma-Typ: Suchttrinker; psychische und physische Abhängigkeit mit Kontrollverlust;

4. Delta-Typ: Gewohnheitstrinker, ausgeprägte körperliche und psychische Abhängigkeit, unfähig zur Abstinenz, kein Kontrollverlust;

5. Epsilon-Typ: Episodischer Trinker (sogenannte Quartalssäufer), psychische Abhängigkeit mit Kontrollverlust.

Die meisten Alkoholkranken sind dem Gamma- oder Delta-Typ zuzuordnen.

In der jüngeren Vergangenheit sind weitere Typologien der Alkoholkrankheit entstanden, wie z. B. die von CLONINGER (nach FEUERLEIN et al., 1991). Er unterscheidet lediglich zwei Arten von Alkoholismus:

1. Typ I: später Beginn, geringe soziale Folgeprobleme;

2. Typ II: früher Beginn, schwere soziale Folgeprobleme, vermehrtes Auftreten von Alkoholismus (und Depressionen) bei Verwandten ersten Grades, wahrscheinlich Auftreten bestimmter biologischer Marker.

Man geht davon aus, dass heute in der Bundesrepublik ungefähr 3-5 % der Bevölkerung alkoholabhängig sind und noch einmal zusätzlich 10 % als alkoholgefährdet (sogenannter riskanter Konsum) eingestuft werden müssen. 42.000 Menschen sterben jährlich an den direkten oder indirekten Folgen des Alkoholkonsums, die Kosten alkoholbezogener Krankheiten werden auf 40 Milliarden DM pro Jahr geschätzt (BUNDESMINISTERIUM FÜR GESUNDHEIT, 2000).

Folgeschäden durch Alkohol betreffen nahezu alle Organsysteme (z. B. Gastritis, Lebererkrankungen, organische Psychosen), es kann aber auch zu Persönlichkeitsveränderungen kommen (z. B. Stimmungslabilität, Egoismus, Aggressivität). Alkoholabhängigkeit zieht in der Regel auch eine Reihe von sozialen Komplikationen (z. B. Ehescheidung, Kriminalität) nach sich (TÖLLE, 1990).

In Bezug auf die Geschlechtszugehörigkeit ist festzustellen, dass 75-80 % der Alkoholabhängigen männlich sind. Der Frauenanteil nimmt aber (besonders in urbanen Regionen) stetig zu. Die Lebenserwartung ist bei männlichen Alkoholikern um ca. 15 %, bei den Frauen um ca. 12 % reduziert. Auch ist die Suizidgefährdung sehr hoch, ungefähr 14 % der Alkoholiker sterben durch Selbstmord, ein Viertel begeht Selbstmordversuche (FEUERLEIN et al., 1991).

Unter den Alkoholabhängigen finden sich in den alten Bundesländern ca. 150.000 Jugendliche. Davon sind 80 % männlich. Insgesamt rechnet man auch unter den Jugendlichen mit einer Prävalenzrate von ungefähr 4% (STEINHAUSEN, 1993).

HOLLY et al. (1997) kommen zu noch höheren Zahlen bei einer Befragung von 3.021 Personen zwischen 14 und 24 Jahren im Raum München. Nach Auswertung von Interviews (M-CIDI n. WITTCHEN et al., 1995) ergab sich bei 9,7 % der Befragten (bei 15,1 % der Männer und bei 4,5 % der Frauen) eine Missbrauchsdiagnose und bei 6,2 % eine Abhängigkeitsdiagnose (bei 10 % der Männer und bei 2,5 % der Frauen).

Da man bei Alkoholabhängigkeit von einer Inkubationszeit von normaler Weise sieben bis zehn Jahren ausgeht, kann die Jellineksche Typologie nicht ohne weiteres auf Jugendliche und junge Erwachsene übertragen werden. Es lassen sich für den Jugendalkoholismus vier Typen beschreiben:

1. primärer Rauschtrinker; Prototyp des jugendlichen Alkoholikers; im Vordergrund steht der Wunsch nach rauschhaftem Erleben bei auffälliger Persönlichkeit mit Angst, Unsicherheitsgefühlen, depressiven Verstimmungen und Kontaktstörungen;
2. beginnender Gewohnheitstrinker; stark unter dem Einfluss von Umgebung und sozialen Trinkgewohnheiten;
3. Umsteiger von illegalem Drogenmissbrauch auf Alkohol;
4. polyvalent Süchtiger; neben illegalen Drogen auch übermäßiger Alkoholkonsum.

(GRUNER, 1976, nach STEINHAUSEN, 1993)

GREISER (1987) erwähnt – ebenfalls unter Bezug auf GRUNER – noch den Gelegenheitstrinker oder Probierer als fünfte Form. Der Alkoholkonsum findet in dieser Gruppe im

Freundeskreis statt und ist nicht durch Kontrollverlust gekennzeichnet. Aus dieser Gruppe rekrutieren sich die späteren Gelegenheits-, Genuss- und Geselligkeitstrinker.

Ein chronifizierter Alkoholismus (mit Delir, Halluzinose oder Psychose) ist hingegen bei jugendlichen Alkoholikern selten.

Zu den Hintergründen, den Entstehungsbedingungen von Alkoholabhängigkeit gibt es in der Wissenschaft unterschiedliche Ansätze. Diskutiert werden monokausale Ansätze wie somatische Theorien (z. B. Vererbung), psychogenetische Theorien (z. B. psychoanalytisch) oder soziologische Theorien (z. B. kulturanthropologische Ansätze). Neuerer Art sind multikausale Ansätze, bzw. systemtheoretische Modelle (Person-Umwelt-Interaktion). Eine Übersicht findet sich hierzu bei GREISER (1987).

STIMMER und MÜLLER-TEUSLER (1999) beschreiben Familientypen, die mit vermehrtem Suchtmittelgebrauch einhergehen. BOHMAN (1991) nennt Persönlichkeitsmerkmale im Kindesalter, die das Risiko eines Alkoholmissbrauchs im jungen Erwachsenenalter erhöhen. 11jährige mit eher antisozialen Persönlichkeitseigenschaften (hohe Experimentierfreude, geringe Problemvermeidung, geringe Abhängigkeit von Belohnung) hatten ein erhöhtes Missbrauchsrisiko im Alter von 27 Jahren.

In früheren Forschungsarbeiten wurde immer wieder untersucht, inwieweit das Alter beim ersten Rauscherlebnis Einfluss auf die spätere Entwicklung des Trinkverhaltens hat. Je früher ein Jugendlicher (oder bereits ein Kind) mit exzessivem Alkoholkonsum beginnt desto wahrscheinlicher ist es, dass bereits in jungen Jahren eine Alkoholproblematik entwickelt wird. Dennoch gibt es unterschiedliche Ergebnisse, was den Zusammenhang zwischen Alter beim ersten Rausch und Konsumverhalten betrifft, weil oftmals nach dem ersten Rauscherlebnis (und v. a. dessen negativen Folgen) wieder Abstand von exzessivem Konsum genommen wird. JESSOR und JESSOR (1975) sowie GREISER (1987) gehen von einer direkten Beziehung aus, wohin gegen JACOBSEN et al. (1987) einen unmittelbar deterministischen Zusammenhang nicht sehen.

REUBAND (1989) bemängelt bei den meisten empirischen Untersuchungen zum Drogen- und Alkoholkonsum die fehlende theoretische Fundierung. Es dominiere ein pathologischer Erklärungsansatz, in dem der Konsument als ein Mensch charakterisiert wird, der sich in Problemsituationen in den Rausch flüchtet. Der typische Konsument habe eine pathologische Beziehung z. B. zum Elternhaus oder der Schule, der typische Nicht-Konsument harmoniere mit diesen Instanzen. Eine kritische Einstellung zur Gesellschaft werde so zu einem Symptom einer Persönlichkeitsstörung hochstilisiert.

GREISER (1987) hat nach einer Analyse von 16 Studien zum Trinkverhalten (1975-1984), Merkmale des alkoholgefährdeten Jugendlichen extrahiert. Als alkoholgefährdet werden dabei die Personen bezeichnet, die regelmäßig, d. h. mehrmals wöchentlich bzw. täglich Alkohol konsumieren. Sie hat dabei die Einflussdimensionen

1. Droge: z. B. Konsumfrequenz, Rauschzahl, Polytoxikomanie;
2. Persönlichkeit: z. B. soziodemographische Merkmale, Freizeitverhalten und
3. Umwelt: a) familiär: z. B. Trinkgewohnheiten der Eltern, Familienklima
                  b) außerfamiliär: z. B. Schule, Lehrer, Freunde

untersucht und hat zusammenfassend eine Typologie des alkoholgefährdeten, regelmäßig Alkohol konsumierenden (rAK) Jugendlichen formuliert (S. 68):

*"Zusammengefasst handelt es sich dabei meistens um **Jungen**, die **älter als 14 Jahre** sind und eher ein **niedriges Bildungsniveau** haben. Der Alkoholkonsum findet beim rAK vorwiegend außerhalb der Familie statt. Seine **Freizeit verbringt er vor allem mit Freunden**, die auch seine Vertrauenspersonen sind. Dagegen können seine sozialen Beziehungen zu Erwachsenen – Eltern, Lehrer, Ausbilder – als gestört bezeichnet werden. In der **Freizeit** bevorzugt er entspannende Tätigkeiten außerhalb des Elternhauses, die **oft mit Alkoholkonsum verbunden** sind, so dass er mehr Geld für alkoholische Getränke als andere Konsumentengruppen ausgibt. Beim rAK sind sowohl das **Gewohnheitstrinken** als auch das **Konflikttrinken** zu beobachten. Insgesamt hat er eine **pessimistische Lebenseinstellung** und empfindet Schule bzw. Beruf als Belastung. Seine **Leistungen sind im Durchschnitt objektiv schlechter** als die der anderen Konsumentengruppen, da er öfter eine Klasse repetiert hat, er selbst ist aber mit seinen Leistungen zufrieden. Der rAK ist nicht nur infolge des regelmäßigen Alkoholkonsums **gesundheitlich gefährdet**, sondern er tendiert auch zur **Polytoxikomanie**."* (Hervorhebungen nicht im Original).

Zusammenfassend bleibt festzustellen, dass der Alkoholkonsum einen breiten Raum auch bei Jugendlichen in der Lebens- und vor allem in der Freizeitgestaltung einnimmt. Wie im nächsten Abschnitt (Exkurs: Illegale Drogen) zum Vergleich dargestellt, bleibt der Alkohol die 'Droge Nr. 1'. Es bleibt zu beachten, dass die starken Trinker unter den Jugendlichen große Gefahr laufen, zu alkoholabhängigen Erwachsenen zu werden.

Wie in den Kapiteln 3 und 4 erläutert, legen die Ergebnisse bisheriger Untersuchungen nahe, dass gerade die Vieltrinker unter den Fahranfängern auch mit erhöhter Wahrscheinlichkeit durch ein Trunkenheitsdelikt im Straßenverkehr auffällig werden. Identifiziert man diese Betroffenen frühzeitig, so besteht die Möglichkeit, vor Verlust der Fahrerlaubnis einzuwirken.

5.4   Exkurs: Illegale Drogen

Wenngleich sich die vorliegende Untersuchung in erster Linie mit der 'legalen Droge Alkohol' auseinander setzt – und dies insbesondere im Zusammenhang mit der Teilnahme am Straßenverkehr – so sollen doch in diesem Kapitel einige Daten zum Gebrauch illegaler Drogen dargestellt werden. Ohne dabei diesen Konsum verharmlosen zu wollen, machen die Angaben doch deutlich, einen wieviel breiteren Raum im Vergleich hierzu der Alkoholkonsum und auch der Alkoholmissbrauch schon bei Jugendlichen und jungen Erwachsenen einnimmt.

Im Gegensatz zum Alkohol haben 95,6 % der von KOLIP et al. (1995) befragten 12- bis 16-jährigen Schüler angegeben, noch nie Haschisch probiert zu haben (Prävalenz entsprechend 4,4 %). Nur 0,3 % der Stichprobe konsumierten mindestens einmal im Monat Haschisch. Auch die Erfahrungen mit anderen illegalen Drogen (Prävalenzen zwischen 0,2 und 3,8 %) waren eher gering.

Haschisch/Marihuana ist die am weitesten verbreitete und am meisten konsumierte illegale Droge. Man geht davon aus, dass 25 % der Jugendlichen bis 20 Jahre zumindest einmal Erfahrungen mit diesem Rauschmittel gemacht haben. Auch beim Haschischkonsum überwiegt der Männeranteil, wobei ca. 5 % der 18- bis 25-jährigen als regelmäßige Konsumenten zu betrachten sind (SILBEREISEN, 1990).

In einer Studie von TÖPPICH und CHRISTIANSEN (1996) haben 21 % der befragten 12- bis 25-jährigen in den alten Bundesländern angegeben, irgendwann einmal Drogen probiert zu haben. Insgesamt fanden sich auch in dieser Untersuchung ca. 4 % regelmäßige Konsumenten mit mehr als 20 Konsumanlässen in den vergangenen zwölf Monaten.

Man geht heute von ca. 250.000 Personen aus, die harte Drogen konsumieren. Davon sind 100.000 bis 150.000 als Abhängige zu sehen, die in riskantem Umfang Drogen nehmen (mindestens 100 Mal in den letzten 12 Monaten). Daneben gibt es ca. 2.000.000 Cannabiskonsumenten, davon ca. 270.000 Dauerkonsumenten (DEUTSCHE HAUPTSTELLE GEGEN DIE SUCHTGEFAHREN, 2000).

In der jüngeren Vergangenheit nimmt aber der Konsum illegaler Drogen zu, insbesondere was sogenannte Partydrogen betrifft wie z. B. Ecstasy (EUROPÄISCHE BEOBACHTUNGS-STELLE FÜR DROGEN UND DROGENSUCHT, 1999).

6 Programme für verkehrsauffällige Fahranfänger

In diesem Kapitel soll beschrieben werden, welche Maßnahmen, Programme oder Schulungen für Fahranfänger (bzw. für Jugendliche) zur Prävention im Bereich von Trunkenheitsfahrten bestehen.

Zu Beginn der Karriere als Kraftfahrer steht in der Regel eine Ausbildung in der Fahrschule. Das Absolvieren der Fahrschule wird von vielen Fahranfängern aber eher als lästige Pflicht gesehen, bei der in erster Linie die Fahrzeugbeherrschung, die Technik des Fahrens, eine Rolle spielt. Im theoretischen wie praktischen Unterricht will man das Handwerkszeug zum Bestehen der notwendigen Prüfung bekommen. Viele Fahrschüler versuchen, mit möglichst geringem zeitlichen und finanziellen Aufwand diese Pflicht hinter sich zu bringen. Für Aspekte wie soziales Verhalten, das partnerschaftliche Miteinander oder die Emotionalität des Autofahrens bleibt kein Raum. Angebote dieser Art in der Ausbildung werden häufig nicht angenommen (BÄCHLI-BIÉTRY, 1990).

Es gibt eine Reihe von Maßnahmen/Programmen, mit deren Hilfe versucht wird, auf Fahranfänger, aber auch schon zu einem früheren Zeitpunkt in der Schule auf Kinder und Jugendliche, einzuwirken, über Gefahren und Risiken des Straßenverkehrs – auch in Verbindung mit Alkoholtrinken – aufzuklären.

Die heutigen Präventionsmaßnahmen sind aber häufig unspezifischer Natur. Information über Alkohol (am Steuer), Androhung von Strafen richten sich (zu) allgemein an alle Fahrschüler/Fahranfänger. Wesentlich ist, die tatsächlichen Risikogruppen – also die Vieltrinker - zu identifizieren, um dann gezielt auf diese einwirken zu können. Der Umstand, dass es verboten ist und Strafen nach sich zieht, wenn man alkoholisiert am Straßenverkehr teilnimmt, ist vermutlich allen Verkehrsteilnehmern hinlänglich bekannt. Informationen sind deshalb wichtig im Bereich der Zusammenhänge zwischen generellen Trinkgewohnheiten und Trunkenheit am Steuer.

In diesem Kapitel soll eingegangen werden auf die heute gängigen Programme, Schulungen, die Aus- und Weiterbildungsmöglichkeiten. Schwerpunkt bilden die Maßnahmen bezüglich Alkohol am Steuer.

6.1   Präventive Maßnahmen

In Bezug auf die Problematik 'Alkohol im Straßenverkehr' gibt es eine Reihe von Schulungen und Programmen, mit deren Hilfe versucht wird, die Wahrscheinlichkeit von Trunkenheitsfahrten junger Fahrer (im Sinne einer primären Prävention) im Vorfeld zu minimieren.

Für berufsbildende Schulen z. B. gibt es den Leitfaden "Alles im Griff" des Deutschen Verkehrssicherheitsrates und der Berufsgenossenschaften, der sich an Berufsschüler zwischen 16 und 22 Jahren richtet und in dessen Lehrprogramm auch das Thema "Alkohol im Straßenverkehr" behandelt wird. Die "Aktion Junge Fahrer" der Deutschen Verkehrswacht hat sich zum Ziel gesetzt, die Unfallzahlen bei Fahranfängern durch gezielte Aufklärung, z. B. bei Aktionsabenden in Discotheken, zu senken.

Auch das Programm "Nüchtern fahren – Sicher ankommen" des Deutschen Verkehrssicherheitsrates ist daraufhin ausgelegt, über die Auswirkungen des Alkohols und die Folgen von Trunkenheitsfahrten aufzuklären und Tipps zur Vermeidung solcher Fahrten zu geben. Eine Übersicht über derartige Programme (die in der Hauptsache mit Info-Ständen, -mappen und -veranstaltungen, Videos, Prospekten und Plakaten arbeiten) findet sich im 'Handbuch für Verkehrssicherheit' (BUNDESMINISTER FÜR VERKEHR et al., 1995).

Die Aktion: "Darauf fahr ich ab: Trinken und Fahren könnt ihr euch sparen" des Deutschen Verkehrssicherheitsrates im Auftrag des Bundesverkehrsministeriums (EMSBACH, 1998) zielt auch darauf ab, die potenziellen Mitfahrer(innen) insbesondere nach Discobesuchen dazu zu bewegen, nicht bei alkoholisierten Fahrern mitzufahren. Es werden hierbei Jugendliche in ausgewählten Bereichen persönlich angesprochen (z. B. durch Briefe, Telefonkarten, Plakate und Broschüren) und für die Thematik sensibilisiert.

Bei HOPPE et al. (1998) finden sich Beschreibungen weiterer Aktionsprogramme wie Kurzfilme, die 'Play off'-Aktion des Deutschen Brauer-Bundes oder auch Videos des ADAC.

Auch die Ausrichtung der Angebote im öffentlichen Nahverkehr kann präventive Wirkung in Bezug auf die klassischen Disco-Unfälle haben. Wenn den Jugendlichen bzw. jungen Erwachsenen gerade in eher strukturschwachen Regionen Fahrmöglichkeiten, z. B. sogenannte Disco-Busse (HOPPE & TEKAAT, 1995), angeboten werden, kann dies zur Verringerung der Unfallzahlen beitragen. Allerdings sollte hierbei nicht Aufgabe z. B. öffentlicher Einrichtungen sein, den Problemtrinkern unter den Jugendlichen, auf diesem Wege ihr Problemverhalten – nämlich das Vieltrinken – zu erleichtern.

Natürlich stellen auch die rechtlichen Rahmenbedingungen wie z. B. die Erteilung der Fahrerlaubnis auf Probe oder das Einführen der 0,5-Promille-Grenze eine Präventivmaßnahme dar. Die Untersuchungen zur Wirksamkeit der Fahrerlaubnis auf Probe sind zu unterschiedlichen Ergebnissen gekommen. Während HEILER und JAGOW (1992) einen deutlichen Rückgang der Unfallzahlen zwischen 1986 und 1988 – also unmittelbar nach Einführung der Fahrerlaubnis auf Probe - feststellen konnten, konnten MEEWES und WEIßBRODT (1992) nur eine geringe unfallpräventive Wirkung dieser Maßnahme ermitteln.

Es wird auch immer wieder diskutiert, für Fahranfänger eine 0,0-Promille-Grenze einzuführen. STEPHAN (1988c) führt hierzu u. a. an, dass dies sinnvoll wäre, weil eine solche Grenze für die Kontrollorgane leichter zu überwachen sei als die jetzt existierenden Promille-Grenzen, außerdem würde für die Fahranfänger auch das "erlaubte Herantrinken" an einen bestimmten Grenzwert entfallen. Schließlich würde die Sicherheit erheblich gesteigert, da sich alkoholbedingte Leistungseinbußen wegen der fehlenden Routine bei Fahranfängern in Kombination mit der alkoholbedingten Herabsetzung der Kritikfähigkeit besonders schwer auswirken.

Auch MÜLLER (2000) tritt für eine Verschärfung der gesetzlichen Bestimmungen ein. Er schlägt einen Grenzwert von 0,05 Promille bei Fahranfängern während der Probezeit vor, um den durch "natürliche Umstände" (Arzneimittel, alkoholhaltige Lebensmittel) im Körper vorhandenen Alkoholpegel zu berücksichtigen.

In manchen Ländern, so z. B. in einigen Staaten der USA, gilt für Fahranfänger ein Nachtfahrverbot. Studien haben gezeigt, dass in diesen Staaten die Unfallzahlen während der Verbotszeiten um 50 % zurück gegangen sind (WILLIAMS, 1996). Auch HAMM (1998) diskutiert ein Nachtfahrverbot für Fahranfänger, er kommt aber zu dem Ergebnis, dass – auch wenn der Erfolg einer derartigen Maßnahme nicht zu leugnen sei – Restriktionen dieser Art wohl in Deutschland auf erheblichen Widerstand stoßen würden.

Zu den Rahmenbedingungen von Alkoholfahrten haben PFEIFFER und HAUTZINGER (2001) feststellen können, dass der Grad der Befolgung einer Vorschrift paradoxer Weise negativ mit der Kontrollintensität korreliert, d. h. dass die Regelbefolgung dort niedriger war, wo intensiver überwacht wurde. Wesentlich für eine positive Beeinflussung des Verhaltens war der Unsicherheitsfaktor was Kontrollen betrifft. Wenn immer an der gleichen Stelle kontrolliert wird, wird diese Kontrolle vom Ortskundigen umfahren, er kommt so zu der Überzeugung, dass man alkoholisiert fahren kann, wenn man die richtigen Wege kennt. Daher erklärt sich auch das zunächst paradox erscheinende o. g. Ergebnis. Für eine sinnvolle und präventive Wirkung von Kontrollen empfehlen die Autoren daher, ständig die Kontrollstellen zu wechseln, um eine hohe Intensität und damit Wirkung der Überwachung zu erreichen.

PFEIFFER und HAUTZINGER (2001) haben bei ihrer Untersuchung zwar auch ermitteln können, dass in Bezug auf Alkoholverstöße die Erwartung hoher Strafen die Befolgung der Vorschriften maßgeblich beeinflusst. Wie in den vorangegangenen Abschnitten beschrieben, ist es bei vielen Tätern aber vor allem die Bedeutung des Alkoholkonsums insgesamt, die die Entstehung von Trunkenheitsfahrten erheblich mitbestimmt. Nimmt der Alkoholkonsum einen großen Raum in der Lebensgestaltung ein, wird trotz der zu erwartenden Strafen unter Alkoholeinfluss ein Kraftfahrzeug geführt.

In der Fahrschulausbildung ist der Themenbereich 'Alkohol am Steuer' ein Abschnitt des theoretischen Unterrichts. Der Rahmenplan für den Grundstoff aller Klassen (STUDIENSTELLE DER BUNDESVEREINIGUNG DER FAHRLEHRERVERBÄNDE E. V., 1998) weist die Thematik "Alkohol, Drogen und Medikamente" als Teilbereich im Abschnitt "Persönliche Voraussetzungen – Einschränkungen der körperlichen Fähigkeiten" aus.

Als Beispiel für Studien, die sich mit der Thematik 'Aufklärung, Information und Prävention von Fahrten unter Alkoholeinfluss' befassen, wird auf das aktuelle "Pilotprojekt Alkoholprävention bei Fahrschülern und Fahranfängern – PAFF" verwiesen (DIVA Forum e. V.). Ziel dieses Projektes ist es, mit Hilfe von Verkehrspsychologen im Rahmen einer besonderen Ausbildung in der Fahrschule (z. B. mit Trinkversuchen und Leistungstests unter Alkoholeinfluss sowie anschließenden Rekapitulationsgesprächen) die Fahranfänger für die Thematik 'Alkohol am Steuer' zu sensibilisieren und zur Einhaltung einer selbst gesetzten Null-Promille-Grenze zu motivieren (POPPELREUTER & DEVOL, 1998; POPPELREUTER et al., 2001).

6.2 Kurse für alkoholauffällige Fahranfänger

Für alkoholauffällige Kraftfahrer gibt es eine Reihe von Kurs- und Schulungsmaßnahmen (z. B. LEER, IRAK, Mainz77, IFT, IVT-Hö), die meist von besonders qualifizierten Fachleuten (z. B. ausgebildeten Verkehrspsychologen) geleitet werden. Speziell für Fahranfänger wurden zwei Kurssysteme entwickelt, die im Folgenden kurz skizziert werden.

6.2.1 NAFA 85

Das Kursmodell NAFA 85 (Nachschulung für alkoholauffällige Fahranfänger) wurde entwickelt von einem Fachausschuss der Technischen Überwachungsvereine. Ziel dieses Gruppenprogramms ist es, bei dem Alkoholauffälligen zukünftig eine konsequente Trennung von Trinken und Fahren zu erreichen. Die Kerninhalte des Kurses sind:

- Analyse der Alkoholfahrt(en)
- Trinkmotive
- Anleitung zur Selbstbeobachtung
- Verhaltensregistrierung
- Verhaltenskontrolle
- Verhaltensplanung
- offene, an den Teilnehmern orientierte Inhalte

Von den Kursteilnehmern wird der Verzicht auf Alkohol am Kurstag, die regelmäßige Teilnahme und die Bearbeitung von Aufgaben verlangt. Das Durchschnittsalter der Teilnehmer liegt bei ungefähr 22,5 Jahren (JACOBSHAGEN, 1997).

Ein solcher Kurs besteht aus 6 bis 12 Teilnehmern und ist wie folgt strukturiert:

- Vorgespräch (Einzel- oder Gruppe) à 2 Std.
- drei Sitzungen à 3 Std.
- Hausaufgaben.

Insgesamt läuft der Kurs über zwei bis vier Wochen (LIST, 1987).

6.2.2 ALFA

Das individualpsychologisch orientierte Konzept ALFA (Aufbauseminar für alkoholauffälli-ge Fahranfänger) wurde von der Gesellschaft für Ausbildung, Fortbildung und Nachschu-lung e. V. (AFN) entwickelt. Auch hierbei handelt es sich um ein Gruppenseminar (6 bis 12 Teilnehmer) in dem versucht wird, Strategien zur Vermeidung von Trunkenheitsfahrten zu vermitteln. Der Kurs umfasst vier Sitzungen zu je drei Stunden und erstreckt sich in der Regel über zwei Wochen. Die Teilnehmer müssen zu Hause Informationsblätter bearbei-ten, die in den Sitzungen besprochen werden.

Es wird erläutert, wie sich der Alkohol im Körper auf- und abbaut, wie hoch die Rückfall-gefahren sind und welche Auswirkungen auf das Führen von Kraftfahrzeugen bestehen. Im Rahmen der Gruppensitzungen werden für die Teilnehmer die Zusammenhänge zwi-schen Lebensstil und Alkoholkonsum heraus gearbeitet (V. HEBENSTREIT et al., 1982)

Betrachtet man die in den beiden letzten Abschnitten aufgeführten Programme, so fällt auf, dass immer auf die Trennung von Trinken und Fahren abgezielt wird. Es sei noch einmal darauf hingewiesen, dass die in vorherigen Kapiteln dargestellten Sachverhalte deutlich machen, dass es bei vielen Alkoholtätern aber in erster Linie um eine generelle Alkoholproblematik handelt, die noch zu wenig in den genannten Konzepten berücksichtigt wird.

7   Die eigene Untersuchung

Hauptziel der vorliegenden Untersuchung ist es, statistische Korrelate zu gewinnen, die eine Vorhersage des Verkehrsverhaltens von Fahranfängern – in Bezug auf die Wahrscheinlichkeit von Alkoholverstößen - erlauben. Wenn zukünftige Trunkenheitstäter schon in der Fahrschule aufgrund ihres Antwortverhaltens als gefährdet zu 'erkennen' sind, gibt es Ansatzmöglichkeiten für präventive Maßnahmen, um eine frühzeitige Einstellungs- und Verhaltensänderung herbei zu führen. Zu diesem Zweck wurden Zusammenhänge zwischen Angaben von Fahrschülern (in erster Linie zum Trinkverhalten) in der Fahrschulausbildung und deren späterer Verkehrsbewährung in Bezug auf Trunkenheitsfahrten untersucht. Die Erstbefragung in den Fahrschulen fand 1990/91 statt, 1998 wurden dann die Teilnehmer der Befragung hinsichtlich ihrer Eintragungen im Verkehrszentralregister des Kraftfahrt-Bundesamtes überprüft.

Vorteil dieser Untersuchung ist, dass es sich hierbei um eine Langzeitstudie handelt. In der Regel werden bei derartigen Untersuchungen die Trinkgewohnheiten von Trunkenheitstätern erst erfasst, wenn diese bereits aufgefallen sind. Im vorliegenden Fall konnten hingegen die Daten im Vorfeld erhoben werden, ohne dass die teilnehmenden Fahrschülern bewusst eine Verbindung zu Alkoholverstößen herstellen konnten. Auch dass ein Rückgriff auf die Daten des Verkehrszentralregisters möglich gewesen ist, unterscheidet diese Erhebung von den meisten anderen, bei denen oftmals aus den allgemeinen Statistiken oder aus punktuellen Erhebungen Daten gewonnen werden müssen.

7.1   Fahrschülerbefragung

In den Jahren 1990/91 nahmen 6.632 Fahrschülerinnen und Fahrschüler in den alten Bundesländern an einer schriftlichen Befragung teil, die vom Psychologischen Institut der Universität zu Köln unter Leitung von Prof. Dr. E. Stephan durchgeführt worden ist, der auch den verwendeten Fragebogen entwickelt hat (vgl. Anhang I). In einer Vielzahl kooperierender Fahrschulen wurden die Fragebögen durch einen geschulten Interviewer verteilt, das Ausfüllen erläutert und kontrolliert. Die Interviewer dokumentierten außerdem ihre Beobachtungen und Kommentare der Fahrschüler.

Um eine spätere Identifizierung der Teilnehmer zu ermöglichen, wurden die Fahrschüler gebeten, ihren Namen und Anschrift anzugeben. Um eine hohe Bereitschaft zur Mitarbeit zu erreichen, war das Ausfüllen sowie die Angabe der Personendaten mit einem Gewinnspiel gekoppelt.

Neben den demographischen Variablen (Alter, Herkunft, Bildung usw.) wurden Einstellungen zum Verkehrsverhalten und Freizeitverhalten erfasst. Einige Abschnitte des Fragebogens befassten sich insbesondere mit den Einstellungen zu Alkohol im Straßenverkehr aber auch mit den konkreten Trinkgewohnheiten der Fahrschüler.

So wurde nach der Einschätzung der Entdeckungswahrscheinlichkeit einer Trunkenheitsfahrt (in der heimischen Region) gefragt wie auch nach der Bereitschaft, auf Alkoholkonsum vor der Verkehrsteilnahme zu verzichten, wenn dies sich günstig auf die Versicherungsprämien auswirken würde.

Eine Frage befasste sich mit einer Bewertung der damals geltenden Promillegrenzen (alte und neue Bundesländer, absolute Fahruntüchtigkeit). Die Fahrschüler sollten außerdem Trinkmengen angeben, die sie zum Erreichen bestimmter Promillewerte (0,5/0,8/1,1 Promille) für notwendig erachteten.

Ein größerer Fragenkomplex widmete sich den Trinkgewohnheiten der Fahrschüler, sowohl was Häufigkeiten, Orte und Anlässe wie auch Trinkpartner betrifft. Die Teilnehmer wurden nach konkreten Trinkmengen verschiedener Alkoholika in der der Erhebung vorangegangenen Woche gefragt. Sie sollten angeben, bei welcher Trinkmenge sie eine erste Alkoholwirkung verspüren und welches die größte Menge Alkohol gewesen ist, die sie je zu einem Anlass konsumiert hatten. Zusätzlich wurde nach Rauschhäufigkeiten und nach dem Lebensalter beim ersten Alkoholrausch gefragt. Die Befragten sollten außerdem ihren eigenen Alkoholkonsum in Relation zum Konsum Gleichaltriger setzen.

Der Fragebogen beinhaltet außerdem eine Skala zur Erfassung der Risikobereitschaft und der Kontrollüberzeugung (Punkt 11 des Fragebogens). Der Fragebogen ist vollständig im Anhang I dargestellt, eine Übersicht über die Bedeutung insbesondere der nichtalkoholbezogenen Inhalte findet sich bei FOLLMANN (2000).

7.2 Datengewinnung im Verkehrszentralregister des Kraftfahrt-Bundesamtes

Um die Verkehrsbewährung der Fahrschüler zu prüfen, wurden von CONRAD (1996) zunächst 899 Teilnehmer der Fahrschülerbefragung auf Eintragungen im Verkehrszentralregister überprüft. Die Auswertung der gewonnen Daten ließ u. a. Zusammenhänge zwischen generellem Alkoholtrinkverhalten und der Wahrscheinlichkeit des Eintrags einer Trunkenheitsfahrt im Verkehrszentralregister erkennen.

Im September 1998 wurde dann ein Großteil der Reststichprobe (s. w. u.) der Fahrschülerbefragung im Verkehrszentralregister auf Eintragungen untersucht. Notwendig hierzu waren die Personendaten (Name, Vorname, Geburtsdatum), um eine eindeutige Zuordnung zwischen dem Teilnehmer der Befragung und einem Eintrag im Register zu gewährleisten.

Um den Anforderungen des Datenschutzes gerecht zu werden, wurde jedem Teilnehmer der Fahrschülerbefragung zunächst eine Nummer zugeordnet. Die Auswertung der Fragebogen erfolgte nicht unter dem Teilnehmernamen, sondern unter der Teilnehmernummer. Die Zuordnung der Eintragungen im Verkehrszentralregister zu den (ehemaligen) Fahrschülern wurde im Kraftfahrt-Bundesamt selbst vorgenommen, die Auszüge anonymisiert. Nach dem Zusammenführen der Daten der Fahrschülerbefragung und der Auszüge des Verkehrszentralregisters wurden die Personenangaben gelöscht, so dass eine Rückführung der Ergebnisse zu Personendaten (Namen) nicht mehr möglich ist.

Von den ursprünglich 6.632 Befragungsteilnehmern konnten 1.369 Personen nicht identifiziert werden, weil Angaben zum Namen oder das Geburtsdatum fehlten. Die für die Untersuchung von CONRAD (1996) verwendeten 899 Datensätze standen aus datenschutzrechtlichen Gründen nicht mehr zur Verfügung, da diese nach Abschluss der damaligen Studie gelöscht werden mussten. 1998 konnten dann noch 4.364 Personen auf Eintragungen im Verkehrszentralregister überprüft werden. Eine Reduktion der Stichprobe ergab sich noch aufgrund folgender Kriterien (FOLLMANN, 2000):

- Alter beim Fahrschulbesuch (Ausfüllen des Fragebogens) maximal 25 Jahre,

- kein Besitz der Führerscheinklassen 2 oder 3 (alte Klassen) länger als sechs Monate vor dem Zeitpunkt der Befragung 1990/91 (z. B. bei Erweiterungen, Personenbeförderungsschein u. ä.),

Hierdurch reduzierte sich die Gesamtstichprobe um weitere 755 Personen. Von den verbliebenen 3.609 Personen hatten 1.014 keine verwertbaren Angaben zum Alkoholkonsum gemacht. In die vorliegende Untersuchung gingen schließlich die Daten von 2.595 Personen ein.

7.3 Zentrale Annahmen und Hypothesen

Unter Einbezug der in den vorangegangenen Kapiteln gemachten Ausführungen werden in diesem Abschnitt die Hypothesen dargelegt, welche anhand der gewonnenen Daten geprüft werden können. Hierbei wird unterschieden zwischen den Hypothesen, die sich ausschließlich auf Zusammenhänge in den Angaben der Teilnehmer an der Fahrschülerbefragung beziehen und den Hypothesen die sich auf der Basis dieser Angaben hinsichtlich der Eintragungen von Alkoholverstößen im Verkehrszentralregister beziehen.

7.3.1 Hypothesen zu den Fragebogendaten

Wie dargelegt, ist der Alkoholkonsum zwar keine ausschließlich männliche Domäne, bei bisherigen Untersuchungen zeigte sich aber, dass auch bei den Jugendlichen und jungen Erwachsenen Alkohol vermehrt von Männern konsumiert wird, der typische regelmäßige jugendliche Alkoholkonsument also männlich ist (GREISER, 1987). Der regelmäßige Alkoholkonsum führt zu einer Gewöhnung und geringe Trinkmengen führen nicht mehr zu einer subjektiv erlebbaren Alkoholisierung. Die Alkoholmengen die zu einem Anlass konsumiert werden, steigern sich daher in der Tendenz. Zwar ist das Probier- und Einstiegsverhalten wenig unterschiedlich zwischen den Geschlechtern, der exzessive Konsum ist jedoch – auch bei den Jugendlichen - eine eher männliche Angelegenheit (HELFFERICH, 1995).

Auch die Auswertungen von HOHN (1992) und CONRAD (1996), die jeweils Teilstichproben aus der hier vorliegenden Ausgangsstichprobe analysiert haben, zeigten eine 'männliche

Dominanz' was Trinkhäufigkeiten und –mengen betrifft. Es ergaben sich auch Hinweise, dass das Lebensalter beim ersten Alkoholrausch Hinweise auf die Entwicklung eines übermäßigen Alkoholkonsums zulässt. Auch JESSOR und JESSOR (1975) und GREISER (1987) beschreiben einen derartigen Zusammenhang in der Form, dass exzessiver Alkoholkonsum umso wahrscheinlicher wird, je früher die betreffende Person mit exzessivem Alkoholkonsum beginnt, je früher sie die ersten Rauscherlebnisse erfährt.

Im Folgenden werden auf der Basis dieser Erkenntnisse die Annahmen aufgeführt, die sich ausschließlich auf die Angaben im Fragebogen bei der Fahrschülerbefragung beziehen, die also nicht in Zusammenhang mit den Eintragungen im Verkehrszentralregister gebracht werden.

A   Hypothesen zu den Fragebogendaten:

A.1   Die männlichen Fahrschüler geben signifikant häufigeren Alkoholkonsum an als die weiblichen.

A.2   Die männlichen Fahrschüler geben signifikant höhere Alkoholtrinkmengen in Bezug auf die der Erhebung vorangegangenen Woche an als die weiblichen.

A.3   Die männlichen Fahrschüler geben signifikant höhere Alkoholtrinkmengen bezüglich einer ersten Rauschwirkung an als die weiblichen.

A.4   Die männlichen Fahrschüler geben signifikant höhere Alkoholtrinkmengen bezüglich der jemals getrunkenen Höchstmenge an Alkoholika an als die weiblichen.

A.5   Die männlichen Fahrschüler sind zum Zeitpunkt des ersten Rauschs signifikant jünger als die weiblichen.

7.3.2 Hypothesen zu den alkoholauffälligen Fahranfängern

Die Statistiken und auch die Ergebnisse bisheriger Untersuchungen zeigen deutlich, dass die uberwiegende Mehrzahl von Alkoholverstößen im Straßenverkehr von Männern begangen werden und die Fahranfänger dabei keine Ausnahme darstellen (STATISTISCHES BUNDESAMT, 1997; HANSJOSTEN & SCHADE, 1997).

WINKLER (1985) wie auch RUNGE (1996) haben festgestellt, dass sich ein Großteil der alkoholauffälligen Fahranfänger aus der Gruppe von Jugendlichen mit einem generellen Alkoholüberkonsum rekrutiert. Es ist daher für die eigene Erhebung nicht nur davon auszugehen, dass sich das Trinkverhalten der männlichen Fahrschüler von dem der weiblichen signifikant unterscheidet, sondern dass sich die 1998 registrierten Trunkenheitstäter hinsichtlich ihrer Angaben zum Trinkverhalten in der Fahrschülerbefragung vom Rest der Nicht-Aufgefallenen ebenso deutlich unterscheiden. Es ist aufgrund der bisherigen Studien anzunehmen, dass die Trunkenheitstäter schon zum Zeitpunkt des Fahrschulbesuchs häufigeren und höheren Alkoholkonsum angegeben haben.

FOLLMANN (2000), dessen Ergebnisse einer anderen Teilgruppe der gleichen Ausgangsstichprobe dieser Arbeit zugrunde liegen, hat zunächst anhand eines Ausschnitts des Fragebogens der Fahrschülerbefragung mittels Faktorenanalyse zwei Risiko- und zwei Kontrollüberzeugungsfaktoren ermitteln können. Als Prädiktoren für nicht-alkoholbedingte Verkehrsauffälligkeiten spielten dabei die Risikofaktoren die bedeutendere Rolle.

Es ist zunächst davon auszugehen, dass sich die faktorenanalytischen Ergebnisse FOLLMANNS bei der eigenen Stichprobe bestätigen lassen. Unter Berücksichtigung der Ergebnisse der Untersuchungen von SCHULZE (1996, 1999) und HANSJOSTEN und SCHADE (1997) ist anzunehmen, dass die Risikobereitschaft auch einen Einfluss auf die Wahrscheinlichkeit von Trunkenheitsfahrten hat.

B   Hypothesen zu den alkoholauffälligen Fahranfängern:

B.1   Von den männlichen Teilnehmern der Fahrschülerbefragung sind bis 1998 signifikant mehr durch Alkoholverstöße aufgefallen als von den weiblichen.

B.2   Die Personen, die durch Alkohol im Straßenverkehr auffällig geworden sind, hatten bei der Fahrschülerbefragung signifikant häufigeren Alkoholkonsum angegeben als die nicht-auffälligen.

B.3   Die Personen, die durch Alkohol im Straßenverkehr auffällig geworden sind, hatten bei der Fahrschülerbefragung signifikant höhere Alkoholtrinkmengen in Bezug auf die der Erhebung vorangegangenen Woche angegeben als die nicht-auffälligen.

B.4   Die Personen, die durch Alkohol im Straßenverkehr auffällig geworden sind, hatten bei der Fahrschülerbefragung signifikant höhere Alkoholtrinkmengen bezüglich einer ersten Rauschwirkung angegeben als die nicht-auffälligen.

B.5   Die Personen, die durch Alkohol im Straßenverkehr auffällig geworden sind, hatten bei der Fahrschülerbefragung signifikant höhere Alkoholtrinkmengen bezüglich der jemals getrunkenen Höchstmenge an Alkoholika angegeben als die nicht-auffälligen.

B.6   Die Personen, die durch Alkohol im Straßenverkehr auffällig geworden sind, waren zum Zeitpunkt ihres ersten Rausches signifikant jünger als die nicht-auffälligen.

B.7   Die Personen, die durch Alkohol im Straßenverkehr auffällig geworden sind, sind aufgrund der Angaben bei der Fahrschülerbefragung als risikobereiter einzustufen als die nicht-auffälligen.

Im folgenden empirischen Teil werden zunächst die Ergebnisse der Fragebogenerhebung von 1990/91 beschrieben, anschließend wird auf die Merkmale der 1998 wegen eines Alkoholverstoßes registrierten Fahranfänger eingegangen. Auf die zuvor dargestellten Annahmen wird jeweils Bezug genommen.

8 Ergebnisse der Fragebogenerhebung

Im diesem Abschnitt werden die für die vorliegende Untersuchung relevanten Ergebnisse der Fragebogenerhebung von 1990/91 bei Fahrschülern dargestellt. Dies sind neben einer allgemeinen (demographischen) Beschreibung der Untersuchungsteilnehmer insbesondere die Angaben im Zusammenhang mit Alkohol: die Einstellungen zu Alkohol im Straßenverkehr, die Bewertung der rechtlichen Normen aber auch die Ausführungen zu den eigenen Trinkgewohnheiten.

Wie erwähnt, sind in die Untersuchung insgesamt Daten von 2.595 Personen eingegangen. Die Beschreibung der Ergebnisse der Fragebogenerhebung in Bezug auf die Gesamtstichprobe wird nach Geschlecht getrennt vorgenommen. Wie auch in den Hypothesen formuliert, wird davon ausgegangen, dass sich die Fahranfängerinnen und Fahranfänger in vielerlei Hinsicht (v. a. in Bezug auf die alkoholspezifischen Variablen) unterscheiden. Dieser Annahme wird mit der Geschlechterdifferenzierung Rechnung getragen. Die Prozentangaben in den Tabellen beziehen sich in der Regel auf die Gesamtpersonenzahl der Gruppen, auch wenn einige Teilnehmer zu den jeweiligen Items evtl. keine Antwort gegeben haben. Bei Abweichungen wird darauf explizit hingewiesen.

8.1 Beschreibung der Gesamtstichprobe

Bevor auf die Variablen zur Hypothesenprüfung eingegangen wird, soll die Untersuchungsstichprobe beschrieben werden. Die Gesamtstichprobe teilte sich in 1.143 Frauen (44 %) und 1.452 Männer (56 %). Die Fahranfängerinnen waren im Durchschnitt 18,88 Jahre alt, die männlichen Fahranfänger 18,52 Jahre, der Unterschied ist signifikant (t = -4,7; df 2419,5; p < .01). Die Altersverteilung der Gesamtstichprobe ist in Tabelle 1 dargestellt.

Die Mehrzahl der Fahrschüler war erwartungsgemäß 17 oder 18 Jahre alt. Bei den Frauen war der Anteil der unter 17-jährigen wesentlich geringer als bei den Männern. Das Gros dieser jüngsten Untersuchungsteilnehmer besuchte die Fahrschule, um eine Mofa- bzw. Kleinkraftrad-Fahrerlaubnis zu erwerben. Insofern ist kaum verwunderlich, dass unter den ganz jungen Fahrschülern überwiegend Männer waren, da der Erwerb einer Zweiradfahrerlaubnis eine eher männliche Domäne ist (HANSJOSTEN & SCHADE, 1997).

Tabelle 1:
Altersverteilung der Gesamtstichprobe

| Alter | Geschlecht | | Gesamt |
	männlich	weiblich	
15	5 0,3 %	0 0 %	5 0,2 %
16	31 2,1 %	8 0,7 %	39 1,5 %
17	369 25,4 %	197 17,2 %	566 21,8 %
18	632 43,5 %	509 44,5 %	1.141 44,0 %
19	138 9,5 %	139 12,2 %	277 10,7 %
20	79 5,4 %	97 8,5 %	176 6,8 %
21	63 4,3 %	62 5,4 %	125 4,8 %
22	34 2,3 %	38 3,3 %	72 2,8 %
23	45 3,1 %	42 3,7 %	87 3,4 %
24	31 2,1 %	22 1,9 %	53 2,0 %
25	25 1,7 %	29 2,5 %	54 2,1 %
Gesamt	1.452	1.143	2.595

Wie aufgrund der Altersstruktur zu erwarten gewesen ist, waren 1990/91 die meisten der Befragungsteilnehmer ledig (95,9 % der Männer und 94,1 % der Frauen). 4,4 % der Frauen waren verheiratet, ebenso 2,4 % der Männer. Getrennt lebend, geschieden oder verwitwet waren insgesamt 20 Fahrschüler (0,8 %).

Tabelle 2 zeigt die regionale Herkunft der Untersuchungsteilnehmer in Bezug auf die (alten) Bundesländer zum Zeitpunkt der Erhebung 1990/91. Wie die Vergleichszahlen des STATISTISCHEN BUNDESAMTES (1992) zeigen, ist die Verteilung über die Bundesländer nur eingeschränkt repräsentativ, da die Teilnehmerzahlen an der Fahrschülerbefragung abhängig von der Kooperationsbereitschaft der Fahrschulen gewesen sind. Es fällt z. B. auf, dass der Anteil von Nordrhein-Westfalen in der Untersuchungsstichprobe zu gering, der Anteil der Bayern aber beispielsweise verhältnismäßig zu hoch ist. Wegen fehlender finanzieller Mittel war eine Erhebung in den neuen Bundesländern nicht möglich.

Tabelle 2:
Regionale Herkunft (Bundesland) der Gesamtstichprobe

Bundesland	Geschlecht		Gesamt	Bundesrepublik (x 1000)*
	männlich	weiblich		
Schleswig-Holstein	74 5,1 %	81 7,1 %	155 6,0 %	2.626 4,1 %
Niedersachsen	172 11,8 %	191 16,7 %	363 14,0 %	7.387 11,6%
Hamburg	31 2,1 %	27 2,4 %	58 2,2 %	1.652 2,6 %
Bremen	11 0,8 %	9 0,8%	20 0,8 %	682 1,1 %
Nordrhein-Westfalen	300 20,7 %	216 18,9 %	516 19,9 %	17.350 27,2 %
Rheinland-Pfalz	51 3,5 %	46 4,0 %	97 3,7 %	3.763 5,9 %
Hessen	105 7,2 %	71 6,2 %	176 6,8 %	5.763 9,0 %
Saarland	33 2,3 %	19 1,7 %	52 2,0 %	1.073 1,7 %
Baden-Württemberg	197 13,6 %	144 12,6 %	341 13,1 %	9.822 15,4 %
Bayern	404 27,8 %	287 25,1 %	691 26,6 %	11.449 18,0 %
Berlin	73 5,0 %	51 4,4 %	124 4,8 %	2.159 3,4 %
Ausland	1 0,1 %	1 0,1 %	2 0,1 %	---
Gesamt	1.452	1.143	2.595	63.726

*Quelle: Statistisches Bundesamt, 1992: Bevölkerung am 31.12.1990

Bei der Befragung wurde ebenso die Größe des Wohnortes der Fahrschüler erhoben (Tabelle 3). Es ergab sich, dass die größten Teilgruppen aus kleinen Orten unter 5.000 Einwohnern bzw. aus Großstädten mit 100.000 bis 500.000 Einwohnern stammten. Auch hierbei muss man berücksichtigen, dass zum einen sicherlich vielen nicht genau bekannt war, wie groß ihr Wohnort tatsächlich ist, zum anderen nicht geklärt werden kann, wie lange die Betreffenden bereits in den angegebenen Wohnorten lebten. So lässt sich nur begrenzt eine Aussage darüber treffen, ob ein Fahrschüler eher im klein- oder großstädtischen Milieu sozialisiert worden ist.

Tabelle 3:
Herkunft (Ortsgröße) der Gesamtstichprobe

Ortsgröße Einwohner	Geschlecht		Gesamt
	männlich	weiblich	
<5000	321 22,1 %	235 20,6 %	556 21,4 %
5000-10000	135 9,3 %	90 7,9 %	225 8,7 %
10000-50000	218 15,0 %	166 14,5 %	384 14,8 %
50000-100000	140 9,6 %	134 11,7 %	274 10,6 %
100000-500000	376 25,9 %	327 28,6 %	703 27,1 %
>500000	238 16,4 %	170 14,9 %	408 15,7 %
Gesamt	1.428	1.122	2.550

Die Fahrschüler wurden auch zu dem bereits erworbenen Schulabschluss befragt. Hierzu ist allerdings festzustellen, dass diese Frage von vielen Fahrschülern beantwortet worden ist, die noch Schüler waren (siehe Tabelle 5). Dabei ist nicht eindeutig zu klären, ob die Beantwortung sich eventuell auf den angestrebten Schulabschluss bezog oder der bereits erworbene Schulabschluss vermerkt wurde, wie in der Frageformulierung vorgesehen. Aber auch in letzterem Fall entsteht ein verzerrtes Bild, wenn z. B. ein Gymnasiast, der in der elften Jahrgangsstufe gewesen ist, 'ordnungsgemäß' Realschulabschluss angegeben hat und er aufgrund dieser Angabe zur Gruppe 'Mittlere Reife' gezählt würde, obwohl er eigentlich in die Kategorie 'Abitur' zu rechnen wäre. Deshalb sind in die Schulabschluss-Übersicht (Tabelle 4) nur die Personen eingegangen, die sich nicht mehr in der ausschließlich schulischen Ausbildung befanden. Diese Gruppe (1.645 Personen) ist entsprechend auch der Bezugsmaßstab für die prozentualen Angaben in der Tabelle 4.

Zu berücksichtigen ist somit, dass aufgrund des Lebensalters der Teilnehmer an der Befragung der Anteil der Abiturienten eher gering ist und einige Fahrschüler sicherlich später noch einen höher qualifizierten Abschluss erworben haben. Zum Zeitpunkt der Datenabfrage im Verkehrszentralregister 1998 konnte nicht geprüft werden, welcher Schulabschluss letztendlich von den Untersuchungsteilnehmern erreicht worden ist. Betrachtet man die Angaben der 950 Noch-Schüler (Tabelle 5) von 1990/91, so haben hiervon 622

Personen angegeben, bereits die Mittlere Reife erworben zu haben. Aus dieser Gruppe rekrutiert sich dann vermutlich der größte Teil der späteren Abiturienten. 42 der Noch-Schüler hatten angekreuzt, das Abitur erworben zu haben, dies aber sicherlich im Sinne eines angestrebten Abschlusses gemeint.

Tabelle 4:
Schulabschlüsse der Gesamtstichprobe (ohne 'Noch-Schüler')

Schulabschluss	Geschlecht		Gesamt
	männlich	weiblich	
ohne Abschluss	24 2,7 %	15 2,0 %	39 2,4 %
Sonderschule	9 1,0 %	4 0,5 %	13 0,8 %
Hauptschule	412 45,6 %	234 31,6 %	646 39,3 %
Mittlere Reife	352 38,9 %	363 49,0 %	715 43,5 %
FHS-Reife	34 3,8 %	39 5,3 %	73 4,4 %
Abitur	66 7,3 %	81 10,9 %	147 8,9 %
keine Angabe	7 0,8 %	5 0,7 %	12 0,7 %
Gesamt	904 100 %	741 100 %	1.645 100 %

1990/91 wurden die Teilnehmer, wie erwähnt, gebeten anzugeben, in welcher momentanen schulischen bzw. beruflichen Situation sie sich befinden. Die Mehrzahl der Fahrschüler (74,0 %) befanden sich noch in einer schulischen bzw. beruflichen Ausbildung (Tabelle 5).

Tabelle 5:
Tätigkeiten der Gesamtstichprobe

| Tätigkeit | Geschlecht | | Gesamt |
	männlich	weiblich	
Schüler	548 37,7 %	402 35,2 %	950 36,6 %
Studium	36 2,5 %	34 3,0	70 2,7 %
in der Ausbildung	586 40,4 %	385 33,7 %	971 37,4 %
berufstätig (Vollzeit)	183 12,6 %	187 16,4 %	370 14,3 %
berufstätig (Teilzeit)	55 3,8 %	61 5,3 %	116 4,5 %
arbeitslos	20 1,4 %	14 1,2 %	34 1,3 %
ohne Tätigkeit	3 0,2 %	32 2,8 %	35 1,3 %
Gesamt	1.431	1.115	2.546

Signifikante Verteilungsunterschiede zwischen den Geschlechtern ergaben sich bei den in der Ausbildung befindlichen (hier: mehr Männer. Chi-Quadrat = 12,168; df 1; p < .01), bei den (voll) Berufstätigen (hier: mehr Frauen. Chi-Quadrat = 7,385; df 1; p < .01) und bei den Teilnehmern ohne Tätigkeit (hier: mehr Frauen. Chi-Quadrat = 32,319; df 1; p < .01). Bei den Letztgenannten kommt der höhere Frauenanteil wohl dadurch zustande, dass es sich dabei in erster Linie um 'Hausfrauen' handelt.

Bei der Frage nach der angestrebten Fahrerlaubnis waren mehrere Antworten bzgl. der Klassen (alte und neue Fahrerlaubnisklassen siehe Anhang II) möglich. Bei den Fahrerlaubnisklassen ist zu berücksichtigen, dass es vor Inkrafttreten der neuen Fahrerlaubnisverordnung am 01.01.1999 möglich gewesen ist, die Fahrerlaubnisklasse 2 (heute CE) ohne Vorbesitz der Klasse 3 (heute B) zu erwerben.

Die Befragten haben maximal zwei Angaben zu den angestrebten Fahrerlaubnisklassen gemacht, die in den folgenden beiden Tabellen dargestellt sind (die Prozentangaben beziehen sich jeweils auf die Gesamtgruppe). Es ist allerdings nicht zu vermuten, dass die Tatsache der Reihenfolge der Nennung eine wesentliche 'übergeordnete' Relevanz besitzt, sondern diese wohl vielmehr abhängig von der Nennungsgewohnheit des entsprechenden Fahrschülers gewesen ist.

Tabelle 6:
Angestrebte Fahrerlaubnis - Erstnennung

Fahrerlaubnisklasse	Geschlecht		Gesamt
	männlich	weiblich	
1	27 1,9 %	6 0,5 %	33 1,3 %
1a	149 10,3 %	41 3,6 %	190 7,3 %
1b	102 7,0 %	32 2,8 %	134 5,2 %
2	10 0,7 %	1 0,1 %	11 0,4 %
3	1.084 74,7 %	1.017 89,0 %	2.101 81,0 %
4	26 1,8 %	12 1,0 %	38 1,5 %
5	8 0,6 %	4 0,3 %	12 0,5 %
Mofa	7 0,5 %	2 0,2 %	9 0,3 %

Tabelle 7:
Angestrebte Fahrerlaubnis – Zweitnennung

Fahrerlaubnisklasse	Geschlecht		Gesamt
	männlich	weiblich	
1	18 1,2 %	10 0,9 %	28 1,1 %
1a	65 4,5 %	19 1,7 %	84 3,3 %
1b	6 0,4 %	3 0,3 %	9 0,3 %
2	2 0,1 %	0	2 0,1 %
3	140 9,6 %	38 3,3 %	178 6,9 %
4	1 0,1 %	1 0,1 %	2 0,1 %
Mofa	0	1 0,1 %	1 0,05 %

Hierbei wird der bereits vorhin erwähnte Umstand deutlich, dass wesentlich mehr männliche Fahrschüler den Erwerb einer Zweiradfahrerlaubnis anstrebten als weibliche. Betrachtet man die Angaben zu den Fahrerlaubnisklassen zeigt sich, dass mehr als 87,9 % der Befragten beabsichtigten, die Fahrerlaubnisklasse 3 (heute B) zu erwerben.

Einige der Fahrschüler waren bereits zum Zeitpunkt der Befragung im Besitz einer Fahrerlaubnis. Auch bei dieser Frage waren Mehrfachnennungen im Fragebogen möglich. Es wird in diesem Zusammenhang noch einmal darauf verwiesen, dass ein längerer Besitz einer Fahrerlaubnis der Klassen 2 oder 3 ein Ausschlusskriterium gewesen ist, da Betreffende nicht mehr als Fahranfänger gewertet werden können (vgl. hierzu Abschnitt 7.2). 241 der in die Untersuchung eingegangenen Fahrschüler gaben an, bereits eine Zweiradfahrerlaubnis zu besitzen (Mofa, 1, 1a oder 1b), 54 Fahrschüler waren im Besitz der Fahrerlaubnisklasse 4. Insgesamt hatten 245 Männer und 50 Frauen bereits eine Fahrerlaubnis der genannten Klassen erworben.

Zusammenfassend bleibt festzuhalten, dass bei der Bewertung der demographischen Variablen immer berücksichtigt werden muss, dass keinerlei Informationen über Veränderungen nach der Befragung oder über die Verhältnisse vor 1998 (Zeitpunkt der Abfrage im Verkehrszentralregister) vorlagen.

8.2 Bewertung der rechtlichen Normen

In diesem Abschnitt soll auf die subjektive Bewertung der gesetzlichen Vorgaben und die Einstellungen der Fahrschüler bzgl. Alkohol im Straßenverkehr eingegangen werden. Dazu werden v. a. die Angaben zu den Fragen, die sich mit Promillegrenzen im Straßenverkehr befassen, herangezogen (auf den vollständigen Fragebogen im Anhang I wird noch einmal verwiesen).

Zum Zeitpunkt der Erhebung galten in der (alten) Bundesrepublik und der DDR unterschiedliche Promille-Grenzwerte (bei der Teilnahme am Straßenverkehr). Ein Fragenkomplex befasste sich mit diesen unterschiedlichen Regelungen. Die Fahrschüler wurden gebeten anzugeben, welche Normen sie für die geeigneten halten.

Den einzelnen Items hierzu wurde folgende Erläuterung vorangestellt:

"Wie Sie vielleicht wissen, besteht für den Straßenverkehr in der DDR für Kraftfahrer eine 0,0 Promille-Bestimmung. Wenn es zu einer gesamtdeutschen Regelung kommt, was würden Sie dann bevorzugen?"

Die Antworten zu den drei dazugehörenden Aussagen sind in den Tabellen 8 bis 10 dargestellt.

Tabelle 8:
Angaben: *"Ich fände es am besten, wenn dann für alle die 0,0 Promille-Bestimmung gelten würde, wie sie zur Zeit in der DDR gültig ist."*

Promille DDR	Geschlecht		Gesamt
	männlich	weiblich	
völlig richtig	449 30,9 %	392 34,3 %	841 32,4 %
eher richtig	205 14,1 %	202 17,7 %	407 15,7 %
unentschieden	187 12,9 %	172 15,0 %	359 13,8 %
eher falsch	301 20,7 %	250 21,9 %	551 21,2 %
völlig falsch	306 21,1 %	126 11,0 %	432 16,6 %
keine Antwort	4 0,3 %	1 0,1 %	5 0,2 %
Gesamt	1.452	1.143	2.595

Insgesamt befürworten 48,1 % die 0,0 Promille-Grenze bei der Teilnahme am Straßenverkehr, 37,8 % lehnen diese Regelung eher ab. Es zeigte sich, dass Männer diese Grenze stärker ablehnen als Frauen. Der Unterschied ist signifikant (Chi-Quadrat = 49,947; df 5; $p < .01$).

In dieses Ergebnis geht vermutlich mit ein, dass eine 0,0 Promille-Grenze als leichter einzuhalten gilt, da die erlaubte Konsummenge einfacher festzulegen ist, viele aber nicht abschätzen können, nach welcher Trinkmenge sie z. B. 0,5 Promille erreicht haben (STEPHAN, 1988a; MÜLLER, 2000). Dass Frauen der 0,0 Promille-Grenze mit absoluter Mehrheit zustimmen, liegt wahrscheinlich auch daran, dass der Alkoholkonsum bei den meisten Fahrschülerinnen einen nicht so gravierenden Raum einnahm wie bei den Männern (siehe dazu weiter unten), die die 0,0 Promille-Grenze nur mehrheitlich befürworten. Die Trennung von Trinken und Fahren dürfte daher Frauen auch erheblich leichter fallen.

Bei der Beurteilung der damals geltenden 0,8 Promille-Grenze kehrte sich das Ergebnis erwartungsgemäß um. Diese Regelung wurde von 49,6 % der Befragten (also mehrheitlich) eher abgelehnt, 35,1 % befürworteten den damals in der Bundesrepublik geltenden Grenzwert. Die männlichen Befragten stimmten in größerem Maße dieser Regel zu als die weiblichen (38,5 % gegenüber 30,9 %), die Frauen lehnten die 0,8 Promille-Grenze stärker ab als die Männer (53,3 % gegenüber 46,8 %). Der Beurteilungsunterschied ist signifikant (Chi-Quadrat = 27,647; df 5; p < .01).

Tabelle 9:
Angaben: *"Ich fände es am besten, wenn dann für alle die 0,8 Promille-Grenze gelten würde, wie sie zur Zeit in der BRD gültig ist."*

Promille BRD	Geschlecht		Gesamt
	männlich	weiblich	
völlig richtig	273 18,8 %	137 12,0 %	410 15,8 %
eher richtig	286 19,7 %	216 18,9 %	502 19,3 %
unentschieden	204 14,0 %	172 15,0 %	376 14,5 %
eher falsch	306 21,1 %	302 26,4 %	608 23,4 %
völlig falsch	373 25,7 %	308 26,9 %	681 26,2 %
keine Antwort	10 0,7 %	8 0,7 %	18 0,7 %
Gesamt	1.452	1.143	2.595

Inzwischen wurde in der Bundesrepublik die 0,5 Promille-Grenze eingeführt, deren Erreichen bei der Teilnahme am Straßenverkehr seit 1999 mit einem Bußgeld (und seit 2001 auch mit einem Fahrverbot) geahndet wird. Bei der Fahrschülerbefragung wurde diese Regelung als Kompromissvorschlag vorgegeben. Die Teilnehmer machten hierzu folgende Angaben:

Tabelle 10:
Angaben: *"Ich fände es am besten, wenn dann als Kompromiss eine
0,5 Promille-Grenze für alle eingeführt würde."*

Kompromiss	Geschlecht		Gesamt
	männlich	weiblich	
völlig richtig	230	178	408
	15,8 %	15,6 %	15,7 %
eher richtig	229	200	429
	15,8 %	17,5 %	16,5 %
unentschieden	388	347	735
	26,7 %	30,4 %	28,3 %
eher falsch	242	178	420
	16,7 %	15,6 %	16,2 %
völlig falsch	350	234	584
	24,1 %	20,5 %	22,5 %
keine Antwort	13	6	19
	0,9 %	0,5 %	0,7 %
Gesamt	1.452	1.143	2.595

Insgesamt zeigt sich hier nahezu eine Drittelverteilung. Während 32,2 % diesem Kompromiss eher zustimmten, reagierten 38,7 % eher ablehnend. 28,3 % hatten 'unentschieden' angekreuzt. Die Geschlechtsunterschiede sind nicht signifikant. Bei diesem Ergebnis ist hervorzuheben, durch die Kennzeichnung der 0,5 Promille-Grenze als 'Kompromiss' eigentlich eine Bejahung dieser Grenze durch die Itemformulierung nahegelegt wurde. Umso bemerkenswerter ist die Zurückweisung dieser Grenze durch die Befragten.

Eine weitere Frage wurde zur Bewertung der Herabsenkung der Grenze der absoluten Fahruntüchtigkeit gestellt:

"Vor kurzem wurde von Gerichten die Grenze der absoluten Fahruntüchtigkeit von 1,3 auf 1,1 Promille gesenkt. Wie beurteilen Sie diese Veränderung?"

Zu bemerken ist hierzu, dass sicher nicht allen Fahrschülern der Begriff der 'absoluten Fahruntüchtigkeit' im juristischen Sinne geläufig war, dass also vielen nicht klar gewesen ist, welche Konsequenzen hieraus abzuleiten sind. Dennoch zeigen die Antworten die Meinungen der Fahrschüler zu einer Verschärfung der geltenden Regeln. Eine klare absolute Mehrheit der Befragungsteilnehmer sprach sich in der Erhebung für eine Herabsenkung des Promille-Grenzwertes aus.

Zur Frage der Fahruntüchtigkeitsgrenze machten die Fahrschüler folgende Angaben:

Tabelle 11:
Fahruntüchtigkeitsgrenze

Fahruntüchtigkeit	Geschlecht		Gesamt
	männlich	weiblich	
völlig richtig	612 42,1 %	487 42,6 %	1.099 42,4 %
eher richtig	365 25,1 %	349 30,5 %	714 27,5 %
unentschieden	240 16,5 %	159 13,9 %	399 15,4 %
eher falsch	129 8,9 %	82 7,2 %	211 8,1 %
völlig falsch	103 7,1 %	63 5,5 %	166 6,4 %
keine Antwort	3 0,2 %	3 0,3 %	6 0,2 %
Gesamt	1.452	1.143	2.595

Mehr als 2/3 der Befragten (69,9 %) begrüßten diese Veränderung, 14,5 % reagierten hierauf eher ablehnend. Die Zustimmung zur Verschärfung der Bestimmung war bei Frauen noch etwas höher als bei den Männern (73,1 % gegenüber 67,2 %). Der Unterschied ist signifikant (Chi-Quadrat = 14,539; df 5; p < .05). Dass die Fahrschüler insgesamt tendenziell eher vermeintlich strengeren Regeln zustimmten, bzw. solche Regelungen nicht völlig ablehnten, wurde auch bei der Frage nach einem Alkoholverbot für Fahranfänger bei Angebot einer Senkung der Versicherungsprämien deutlich (Tabelle 12).

Nahezu ¾ der Befragten gaben an, sie würden sich bereit erklären, Trinken und Fahren völlig zu trennen, wenn im Gegenzug dafür die Versicherungsprämie gesenkt würde. Frauen stimmten dieser Verpflichtung in noch größerem Maße zu, der Unterschied zu den Männern ist signifikant (Chi-Quadrat = 12,815; df 3; p < .01). Hierzu wurde im Fragebogen Folgendes einleitend festgestellt:

"Alkohol und Versicherungsprämien
Man überlegt sich zur Zeit, Kraftfahrern, die sich freiwillig verpflichten, überhaupt keinen Alkohol zu trinken, wenn sie ein KFZ führen, eine niedrigere Versicherungsprämie einzuräumen. Nun wüssten wir gerne, wie Sie das sehen. Bitte kreuzen Sie das für Sie Zutreffende an:"

Tabelle 12:
Angaben: *"Wenn ich als Anfänger die Möglichkeit hätte, direkt mit 100 % Versicherungsbeitrag statt mit 150 % anzufangen, würde ich mich gerne schriftlich dazu verpflichten, keinen Alkohol zu trinken, wenn ich fahre."*

Prämie	Geschlecht		Gesamt
	männlich	weiblich	
ja	1.062	870	1.932
	73,1 %	76,1 %	74,5 %
nein	154	76	230
	10,6 %	6,6 %	8,9 %
weiß nicht	229	189	418
	15,8 %	16,5 %	16,1 %
keine Antwort	7	8	15
	0,5 %	0,7 %	0,6 %
Gesamt	1.452	1.143	2.595

Vergleicht man diese Angaben mit den Ergebnissen in Tabelle 8, wird deutlich, dass die generelle 0,0 Promille-Grenze nur von knapp der Hälfte der Befragten (48,1 %) befürwortet wurde, sich bei entsprechender Gegenleistung aber 74,5 % zur Einhaltung dieser Grenze bereit erklärten.

Bei Einigen stand daher wohl nicht eine Steigerung der Verkehrssicherheit, sondern ein wirtschaftlicher Aspekt im Vordergrund, wenn sie sich zur Einhaltung der 0,0 Promille-Grenze bereit erklärten. Es besteht auch die Möglichkeit, dass die Fahrschüler deshalb ihre Bereitschaft zur Einhaltung dieser Grenze erklärten, weil sie gleichzeitig die Wahrscheinlichkeit der Aufdeckung eines Verstoßes gegen diese Verpflichtung als eher gering bewerteten.

Daher ist es in diesem Zusammenhang sinnvoll, die Einschätzung der Kontrolldichte zu betrachten (Tabelle 13). Hierbei fällt zunächst auf, dass nur insgesamt 20,6 % die Wahrscheinlichkeit einer Kontrolle in ihrer Gegend als eher bzw. sehr hoch einstuften. Die Geschlechtsunterschiede bei der Beantwortung dieser Frage sind zwar signifikant (Chi-Quadrat = 11,725; df 5; p < .05), qualitativ aber eher zu vernachlässigen.

Tabelle 13:
Angaben: *"Wenn man keinen Unfall hat, ist in unserer Gegend die Gefahr, dass man wegen Alkohol kontrolliert wird ..."*

Kontrollgefahr	Geschlecht		Gesamt
	männlich	weiblich	
sehr gering	114 7,9 %	71 6,2 %	185 7,1 %
eher gering	303 20,9 %	218 19,1 %	521 20,1 %
eher durchschnittlich	715 49,2 %	619 54,2 %	1.334 51,4 %
eher hoch	204 14,0 %	169 14,8 %	373 14,4 %
sehr hoch	101 7,0 %	60 5,2 %	161 6,2 %
keine Antwort	15 1,0 %	6 0,5 %	21 0,8 %
Gesamt	1.452	1.143	2.595

Aus den Angaben zur subjektiven Entdeckungswahrscheinlichkeit eines Alkoholverstoßes war jedoch nicht abzuleiten, dass diese Einschätzung direkt die Bereitschaft zum Alkoholverzicht bei der Straßenverkehrsteilnahme beeinflusste, da sich die Fahrschüler nicht signifikant hinsichtlich der geschätzten Kontrollgefahr unterschieden, wenn man sie in zwei Gruppen (Zustimmung bzw. Ablehnung der 0,0 Promille-Grenze bei Senkung der Versicherungsprämie) teilt. D. h., dass sich die Fahrschüler, die sich verpflichten würden, im Straßenverkehr auf den Alkohol zu verzichten, sich hinsichtlich der Einschätzung der Kontrollgefahr nicht signifikant von denen unterschieden, die eine solche Verpflichtung nicht hätten eingehen wollen.

Betrachtet man die Einschätzungen zur Entdeckungswahrscheinlichkeit nach Bundesländern getrennt, zeigte sich, dass Fahrschüler aus Berlin die Kontrollgefahr am geringsten einschätzten. Nur 5,5 % der Berliner bewerteten die Kontrollgefahr (von 1 = sehr gering bis 5 = sehr hoch) als eher oder sehr hoch (Mittelwert 2,64; Standardabweichung 0,81). Die höchste Kontrolldichte wurde Hessen attestiert (Mittelwert 3,11; Standardabweichung 1,40). Bei einer Differenzierung zwischen den Bundesländern lässt sich allerdings bei der Einschätzung der Kontrolldichte keine 'Systematik' erkennen, wenn man z. B. Vergleiche zwischen Ballungsländern und Flächenländern betrachtet.

Insgesamt hatten 13,5 % der Befragten Angst, den Führerschein auf Probe zu verlieren, nur 6,7 % konnten sich vorstellen, die Fahrerlaubnis (auf Probe) wegen Alkohol abgeben zu müssen. Hier gibt es jedoch signifikante Geschlechtsunterschiede (Chi-Quadrat = 44,751; df 1; p < .01), 9,6 % der Männer aber nur 3,0 % der Frauen hatten angegeben, sich vorstellen zu können, den Führerschein wegen Alkohol am Steuer zu verlieren. Hierbei ist zu berücksichtigen, dass bei der Fahrschülerbefragung nicht grundsätzlich die Möglichkeit eines Führerscheinverlusts zu beurteilen war, sondern diese Fragen sich lediglich auf die Probezeit bezogen.

Die Einführung der Fahrerlaubnis auf Probe wurde von den Fahrschülern wie folgt bewertet: Insgesamt 72,9 % hielten die Einführung für eher oder völlig richtig. Hierbei ergaben sich wiederum signifikante Geschlechtsunterschiede: 78,1 % der Frauen gegenüber 68,8 % der Männer hatten erklärt, die Fahrerlaubnis auf Probe zu befürworten (Chi-Quadrat = 38,645; df 5; p < .01).

Zusammenfassend kann zu den Einstellungen bzgl. Alkohol im Straßenverkehr gesagt werden, dass sich 1990/91 bei der Mehrzahl der befragten Fahrschüler eine Zustimmung zu strengeren Regeln und Normen bei der Straßenverkehrsteilnahme fand, wobei die weiblichen Fahrschüler hier noch häufiger zustimmten als die männlichen. Diese Ergebnisse weisen darauf hin, dass die Einführung einer 0,0 Promille-Grenze für Fahranfänger nicht zwingend zu Widerstand bei den Betroffenen führen muss, insbesondere dann nicht, wenn entsprechende Gegenleistungen – wie z. B. eine Senkung der Versicherungsprämien – damit verbunden wären. Diese Haltung ist offenbar unabhängig von der subjektiven Entdeckungswahrscheinlichkeit eines Verstoßes (Korrelation n. Pearson .04).

8.3 Angaben zum Trinkverhalten

Im diesem Abschnitt werden die Angaben der Fahrschüler zum tatsächlich praktizierten Alkoholkonsum dargestellt. Die Fahrschüler wurden 1990/91 zu den Konsumhäufigkeiten und –mengen in Bezug auf die Getränkeart aber auch in Bezug auf Orte, Anlässe und Trinkpartner wie auch zu den dabei jeweils konsumierten Mengen befragt. Bei der Frage nach der Konsumhäufigkeit bestimmter Getränke wurden auch nicht-alkoholische Getränke berücksichtigt (z. B. Tee, Kaffee, Limonade, Mineralwasser), auf die an dieser Stelle nicht eingegangen wird. Bei den alkoholhaltigen Getränken wurde differenziert nach Bier, Wein/Sekt und Spirituosen.

8.3.1 Konsumhäufigkeiten

In diesem Abschnitt wird zur Überprüfung der Hypothese A.1 auf die Angaben der Fahrschüler zu den Konsumhäufigkeiten von alkoholischen Getränken eingegangen. Unterschieden wird hierbei zunächst zwischen den Getränkearten und schließlich zwischen
Anlässen und Trinkpartnern.

Bier war und ist unter den Jugendlichen das am häufigsten konsumierte alkoholische Getränk (vgl. Abschnitt 5.2). Wie die folgenden Tabellen zeigen, traf dies auch auf die vorliegende Stichprobe zu. In Bezug auf den eigenen Bierkonsum machten die Teilnehmer der
Fahrschülerbefragung folgende Angaben:

Tabelle 14:
Häufigkeit - Bier

Bierkonsum	Geschlecht		Gesamt
	männlich	weiblich	
(fast) täglich	138 9,5 %	20 1,7 %	158 6,1 %
mehrmals in der Woche	393 27,1 %	104 9,1 %	497 19,2 %
mehrmals im Monat	569 39,2 %	436 38,1 %	1.005 38,7 %
seltener als 1x im Monat	179 12,3 %	286 25,0 %	465 17,9 %
nie/weniger als 1x im Jahr	146 10,1 %	261 22,8 %	407 15,7 %
keine Angabe	27 1,9 %	36 3,1 %	63 2,4 %
Gesamt	1.452	1.143	2.595

36,6 % der Männer tranken täglich oder zumindest mehrmals wöchentlich Bier. Demgegenüber stehen 10,8 % der weiblichen Fahranfänger, die derart häufig Bier konsumierten.
Der Verteilungsunterschied bzgl. der Geschlechtszugehörigkeit ist signifikant (Chi-Quadrat
= 299,633; df 5; p < .01).

Eine Repräsentativerhebung des BUNDESMINISTERIUMS FÜR GESUNDHEIT (1990) kommt zu
noch etwas höheren Ergebnissen. 41,8 % der Männer und 10,2 % der Frauen hatten an-

gegeben, mehrmals in der Woche Bier zu konsumieren. In Bezug auf den Weinkonsum hatten 6,4 % der Männer und 7, 7% der Frauen angegeben, mehrmals wöchentlich Wein zu trinken.

In der eigenen Untersuchung ist der Verteilungsunterschied bzgl. der Häufigkeit des Wein- bzw. Sektkonsums (Tabelle 15) signifikant (Chi-Quadrat = 39,674; df 5; p < .01). Auch hier zeigte sich, dass die weiblichen Teilnehmer an der Befragung häufiger Wein oder Sekt konsumierten als die männlichen.

Tabelle 15:
Häufigkeit – Wein/Sekt

Wein-/Sektkonsum	Geschlecht		Gesamt
	männlich	weiblich	
(fast) täglich	16 1,1 %	10 0,9 %	26 1,0 %
mehrmals in der Woche	58 4,0 %	52 4,5 %	110 4,2 %
mehrmals im Monat	391 26,9 %	420 36,7 %	811 31,3 %
seltener als 1x im Monat	630 43,4 %	467 40,9 %	1.097 42,3 %
nie/weniger als 1x im Jahr	307 21,1 %	172 15,0 %	479 18,5 %
keine Angabe	50 3,4 %	22 1,9 %	72 2,8 %
Gesamt	1.452	1.143	2.595

Zu beachten ist in diesem Zusammenhang, dass 60,8 % der Befragten angaben, seltener als einmal im Monat oder nie Wein bzw. Sekt zu konsumieren. Im Vergleich zum Bier (Tabelle 14), wo dies nur 33,6 % erklärt hatten, war Wein bei den Fahranfängern nicht das alkoholische Getränk der Wahl.

Spirituosen nahmen den geringsten Stellenwert unter den alkoholischen Getränken ein, was die Konsumhäufigkeit betrifft. Hier erklärten fast ¾ der Befragten (72,5 %), selten oder nie Spirituosen zu trinken (Tabelle 16).

Im Bereich der Spirituosen – zu denen auch die Mischgetränke gerechnet wurden – zeigte sich wiederum, dass die männlichen Befragten häufiger derartige Getränke konsumierten als die Fahrschülerinnen. 6,4 % der Männer gegenüber 1,7 % Frauen gaben an, (fast) täglich oder mehrmals wöchentlich Spirituosen zu trinken. Der Unterschied ist auch hier signifikant (Chi-Quadrat = 73,265; df 5; p < .01).

Tabelle 16:
Häufigkeit – Spirituosen

Spirituosenkonsum	Geschlecht		Gesamt
	männlich	weiblich	
(fast) täglich	20 1,4 %	3 0,3 %	23 0,9 %
mehrmals in der Woche	72 5,0 %	16 1,4 %	88 3,4 %
mehrmals im Monat	358 24,7 %	192 16,8 %	550 21,2 %
seltener als 1x im Monat	522 36,0 %	425 37,2 %	947 36,5 %
nie/weniger als 1x im Jahr	453 31,2 %	480 42,0 %	933 36,0 %
keine Angabe	27 1,9 %	27 2,4 %	54 2,1 %
Gesamt	1.452	1.143	2.595

Um die Geschlechtsunterschiede auch über alle alkoholischen Getränkearten hinweg betrachten zu können, wurden die Angaben zum Bier-, Wein- und Spirituosenkonsum zusammen gefasst. Als regelmäßige Alkoholkonsumenten wurden dabei die Personen eingestuft, die angegeben hatten, zumindest mehrmals in der Woche entweder Bier, Wein oder Spirituosen zu trinken. Als gelegentliche Alkoholkonsumenten wurden die Fahrschüler bewertet, die bei einer der Alkoholika 'mehrmals im Monat' oder 'seltener als einmal im Monat angegeben hatten und nicht den regelmäßigen Konsumenten zuzuordnen waren. Nichtkonsumenten sind schließlich diejenigen, die bei allen drei Alkoholarten die Angabe 'nie oder weniger als einmal im Jahr' angekreuzt hatten. 38,7 % der Männer und 13,6 % der Frauen waren somit als regelmäßige Alkoholkonsumenten anzusehen (Chi-Quadrat = 200,64; df 1; p < .01), 52,9 % Männer gegenüber 76,2 % Frauen fielen in die Kategorie der gelegentlichen Konsumenten und 7,4 % der Männer bzw. 9,2 % der Frauen waren als Nichtkonsumenten zu bewerten.

Bei der Erhebung von SCHULZE (1996, vgl. auch Abschnitt 4.2) ergab sich über alle Stilgruppen hinweg bei den Jugendlichen, dass 42,8 % der Stichprobe als regelmäßige Konsumenten zu betrachten waren, wobei der Anteil zwischen den verschiedenen 'Typen' der Fahranfänger zwischen 30,1 % und 61,4 % schwankte.

Zieht man zum Vergleich die Ergebnisse einer Untersuchung von GREISER (1987) heran, und betrachtet aus ihrer Untersuchung nur die relevante Gruppe der über 15-jährigen Schüler, so ergaben sich dort ähnliche Verhältnisse wie bei der eigenen Untersuchung (Tabelle 17).

Tabelle 17:
Ergebnisse GREISER (1987): "Alkohol bei 12-20jährigen Schülern".
Darstellung der Ergebnisse der über 15-jährigen. In Klammern zum Vergleich die eigenen Resultate.

Konsumentengruppen	Geschlecht	
	männlich	weiblich
regelmäßiger Alkoholkonsument	40,4 % (38,7 %)	9,8 % (13,6 %)
gelegentlicher Alkoholkonsument	54,1 % (52,9 %)	86,9 % (76,2 %)
Nicht-Konsument	5,5 % (7,4 %)	3,3 % (9,2 %)

Zunächst ist bei der Betrachtung der Ergebnisse von GREISER auffällig, dass der Anteil der männlichen Nicht-Konsumenten höher war als der der weiblichen. Sie führte diesen Umstand auf das unterschiedliche Probierverhalten bei den Geschlechtern zurück, wobei eine eindeutige Klärung nicht erreicht wird. Im Rahmen einer Auswertung von Studien der 70er und 80er Jahre im Vorfeld ihrer Untersuchung, konnte dieser Zusammenhang auch bei anderen Erhebungen beobachtet werden. Bei dieser Analyse früherer Studien hatte sich ergeben, dass der Anteil der regelmäßigen Konsumenten bei den Männern zwischen 17 und 34 % schwankte, bei den Frauen zwischen 7 und 16 % und die gelegentlichen Konsumenten 50 bis 66 % (männl.) bzw. 66 bis 75 % (weibl.) ausmachten. Hierbei ist aber zu berücksichtigen, dass bei einigen Untersuchungen auch jüngere Schüler (ab 12 Jahre) mit einbezogen worden waren.

Es fällt auf, dass der Anteil der Nicht-Konsumenten bei GREISER wesentlich geringer war als in der vorliegenden Untersuchung. Hierzu ist allerdings darauf hinzuweisen, dass bei den Nicht-Konsumenten in der eigenen Untersuchung auch Fahrschüler Eingang gefunden haben, die zumindest hin und wieder Alkohol konsumierten, sich selbst aber als 'Quasi-Abstinente' betrachteten. Deutlich wird dies, wenn man die Ausführungen der Fahrschüler zu den Trinkmengen betrachtet (Tabelle 22). Hier fanden sich dann auch nur noch 5,8 %, die tatsächlich gar keinen Alkohol getrunken hatten. Die ausschließliche Antwortmöglichkeit 'Ich trinke nie Bier, Wein oder Spirituosen oder andere alkoholische Getränke' war bei der eigenen Erhebung nicht vorgegeben. Ein Teil der vermeintlichen Nicht-Konsumenten hatte für die der Erhebung vorangegangenen Woche (wenn auch geringen) Alkoholkonsum eingeräumt. Daher erscheint es auch für die vorliegende Untersuchung sinnvoll, von nur 5 bis 6 % konsequent Abstinenten auszugehen, was durch eine Erhebung von HOLLY et al. (1997) gestützt wird, die bei ihrer Befragung 5,5 % abstinente Jugendliche erfasst haben.

Wie in vorangegangenen Abschnitten beschrieben, nimmt der Alkoholkonsum in der überwiegend außerhäuslichen Freizeitgestaltung einen erheblichen Raum bei jugendlichen Fahranfängern ein (z. B. SCHULZE, 1996, 1999; HANSJOSTEN & SCHADE, 1997), was sich auch hier bestätigen ließ. Die Angaben zu den Konsumhäufigkeiten werden im Folgenden (Tabellen 18 und 19) zusammengefasst dargestellt.

Tabelle 18:
Häufigkeit – Trinkanlässe/-orte

Trinkanlässe/-orte		(fast) täglich	mehrmals in der Woche	mehrmals im Monat	seltener als 1x im Monat	nie/weniger als 1x im Jahr	keine Angabe
zuhause (zum Essen)	männl.	3,3 %	7,8 %	18,2 %	30,2 %	37,3 %	3,2 %
	weibl.	0,6 %	3,3 %	14,9 %	32,4 %	45,7 %	3,1 %
	ges.	2,1 %	5,8 %	16,7 %	31,2 %	41,0 %	3,2 %
zuhause (außerhalb der Mahlzeiten)	männl.	2,3 %	9,9 %	22,1 %	30,2 %	31,3 %	4,1 %
	weibl.	0,7 %	2,8 %	19,3 %	29,9 %	43,7 %	3,6 %
	ges.	1,6 %	6,8 %	20,9 %	30,1 %	36,7 %	3,9 %
am Arbeitsplatz	männl.	1,7 %	2,3 %	5,6 %	11,6 %	72,7 %	6,1 %
	weibl.	0,4 %	0,3 %	2,1 %	9,4 %	82,9 %	4,9 %
	ges.	1,1 %	1,5 %	4,0 %	10,6 %	77,1 %	5,6 %
in der Schule	männl.	0,8 %	2,0 %	3,4 %	9,2 %	76,4 %	8,2 %
	weibl.	0,3 %	0,2 %	1,2 %	3,7 %	87,5 %	7,2 %
	ges.	0,5 %	1,2 %	2,5 %	6,7 %	81,3 %	7,7 %
bei Freunden	männl.	3,4 %	15,5 %	41,3 %	23,9 %	11,6 %	4,2 %
	weibl.	0,8 %	5,2 %	39,7 %	36,1 %	15,2 %	2,9 %
	ges.	2,3 %	11,0 %	40,6 %	29,3 %	13,2 %	3,6 %
in der Kneipe	männl.	5,7 %	17,6 %	38,3 %	17,8 %	16,0 %	4,5 %
	weibl.	1,1 %	6,2 %	38,2 %	27,4 %	23,8 %	3,2 %
	ges.	3,7 %	12,6 %	38,3 %	22,0 %	19,5 %	4,0 %
in der Disco	männl.	4,8 %	13,7 %	34,8 %	19,5 %	22,7 %	4,5 %
	weibl.	0,8 %	7,1 %	35,3 %	26,1 %	27,4 %	3,3 %
	ges.	3,0 %	10,8 %	35,1 %	22,4 %	24,8 %	4,0 %
Party, Feier u. ä.	männl.	7,2 %	11,6 %	39,0 %	29,2 %	10,1 %	2,8 %
	weibl.	1,3 %	4,8 %	41,7 %	39,3 %	10,8 %	2,0 %
	ges.	4,6 %	8,6 %	40,2 %	33,6 %	10,4 %	2,4 %

Es wird deutlich, dass die Fahrschüler eher außerhäuslich Alkohol konsumierten, dies v. a. im Zusammenhang mit der Freizeitgestaltung (bei Freunden, in der Kneipe, in der Disco, bei Parties). Für alle Trinkanlässe/-orte gilt, dass die Geschlechtsunterschiede hinsichtlich der Verteilung jeweils statistisch signifikant sind (2x6-Matrix, Chi-Quadrat-Tests, p < .01). Betrachtet man die Angaben zum (fast) täglichen und mehrmals wöchentlichen Konsum, so wird noch einmal deutlich, dass die männlichen Befragten unabhängig von den Trinkanlässen/-orten stets häufigeren Alkoholkonsum einräumten als die Fahrschülerinnen.

Die Übersicht über die Trinkpartner (Tabelle 19) bestätigt die Angaben zu den Trinkanlässen/-orten. Die Männer gaben stets häufigeren Konsum an als die Frauen ((fast) täglich, mehrmals in der Woche), für alle Befragten sind die häufigsten Trinkpartner die Freunde.

Tabelle 19:
Häufigkeit – Trinkpartner

Trinkpartner		(fast) täglich	mehrmals in der Woche	mehrmals im Monat	seltener als 1x im Monat	nie/weniger als 1x im Jahr	keine Angabe
mit Arbeits-kollegen	männl.	2,0 %	5,7 %	13,1 %	24,0 %	47,7 %	7,5 %
	weibl.	0,5 %	0,9 %	7,1 %	22,0 %	63,3 %	6,1 %
	ges.	1,3 %	3,6 %	10,4 %	23,2 %	54,6 %	6,9 %
mit Freunden	männl.	5,8 %	23,1 %	45,4 %	15,2 %	8,4 %	2,1 %
	weibl.	1,7 %	8,2 %	51,4 %	27,3 %	10,2 %	1,1 %
	ges.	4,0 %	16,6 %	48,1 %	20,5 %	9,2 %	1,7 %
innerhalb der Familie	männl.	1,6 %	6,2 %	19,9 %	35,5 %	32,2 %	4,6 %
	weibl.	0,5 %	3,4 %	18,0 %	42,6 %	32,7 %	2,7 %
	ges.	1,1 %	5,0 %	19,1 %	38,7 %	32,4 %	3,8 %
mit Freundin bzw. Freund	männl.	3,2 %	11,9 %	33,5 %	23,6 %	23,1 %	4,7 %
	weibl.	1,5 %	7,3 %	37,9 %	31,1 %	19,8 %	2,4 %
	ges.	2,5 %	9,9 %	35,4 %	26,9 %	21,6 %	3,7 %
alleine	männl.	1,8 %	5,5 %	9,2 %	22,5 %	57,0 %	4,1 %
	weibl.	0,1 %	0,5 %	4,5 %	12,8 %	79,0 %	3,1 %
	ges.	1,0 %	3,3 %	7,1 %	18,2 %	66,7 %	3,6 %

68,7 % der Teilnehmer erklärten, zumindest mehrmals im Monat mit Freunden Alkohol zu trinken und 47,8 % gaben an, mit dem Lebenspartner (Freund bzw. Freundin) zumindest mehrmals im Monat Alkohol zu konsumieren. Demgegenüber stehen 25,2 %, die die Familie, 15,3 % die die Arbeitskollegen als Trinkpartner benannten und 11,4 % die angegeben haben, mehrmals im Monat allein Alkohol zu trinken. Die Bedeutung der Peers beim Alkoholkonsum zeigt sich deutlich. Wie beschrieben, ist zwar die Familie oft für erste Trinkversuche 'verantwortlich', bedeutsam für den weiteren Konsum ist aber in der Regel die Gruppe der Gleichaltrigen (FRANZKOWIAK, 1986). Auch für die Angaben zu den Trink-partnern gilt, dass die Geschlechtsunterschiede hinsichtlich der Verteilung jeweils signifi-kant sind (2x6-Matrix, Chi-Quadrat-Tests, p < .01).

Zusammenfassend kann festgehalten werden, dass die Ergebnisse der eigenen Untersu-chung für die Alkoholkonsumhäufigkeiten mit denen anderer Studien zu vereinbaren sind.

Die Hypothese A.1 ist nicht falsifiziert:
Die männlichen Fahrschüler geben signifikant häufigeren Alkoholkonsum an als die weiblichen.

Im Folgenden wird nun beschrieben, in welchen Mengen die Fahrschüler 1990/91 die ver-schiedenen Alkoholsorten getrunken haben und wie sie selbst ihren eigenen Konsum be-wertet haben.

8.3.2 Konsummengen und deren Bewertung

Um genaue Aussagen über das Trinkverhalten der befragten Fahrschüler machen zu kön-nen, wurden sie zu den Trinkmengen befragt. Frage 20 des Fragebogens (s. Anhang I) befasste sich mit dem Konsum in der der Erhebung vorangegangenen Woche. Die Unter-suchungsteilnehmer konnten hier detailliert angeben, welche Getränke sie in welchen Mengen in diesem Zeitraum konsumiert hatten.

Zur Überprüfung der Hypothesen A.2, A.3 und A.4 wurden die Angaben bezüglich der Trinkmengen im Rahmen der Auswertung - aus Gründen der besseren Übersicht und zur Vergleichbarkeit der Alkoholsorten - in sogenannte Trinkeinheiten umgerechnet. Hierbei wurde der folgende Schlüssel angewendet:

1 Trinkeinheit (TE) = 0,2 l Bier

= 0,1 l Wein

= 0,02 l Spirituosen

= 0,2 l Mixgetränke

Zunächst wird nachfolgend eine Übersicht über die durchschnittlich getrunkene Menge der verschiedenen alkoholischen Getränke gegeben. Die sogenannte Wochensumme enthält alle Getränkesorten noch einmal zusammen gefasst, beschreibt also die insgesamt konsumierte Menge an Bier, Wein, Spirituosen oder Mixgetränken einer Woche (In Trinkeinheiten).

Tabelle 20:
Mittelwerte der Trinkmengen einer Woche (in TE)

Trinkmengen	Geschlecht		Gesamt
	männlich	weiblich	
Bier	12,40 TE	3,20 TE	8,35 TE
Wein	1,57 TE	2,16 TE	1,82 TE
Spirituosen	1,57 TE	0,57 TE	1,13 TE
Mixgetränke	1,35 TE	0,57 TE	1,01 TE
Wochensumme	16,89 TE	6,50 TE	12,31 TE

Betrachtet man zunächst die gesamt konsumierte Alkoholmenge einer Woche, so zeigt sich ein signifikanter Unterschied zwischen den Geschlechtern (t = 16,293; df 2593; p < .01). Die männlichen Fahrschüler hatten ihren Angaben zufolge ungefähr 2½ Mal mehr Alkohol zu sich genommen als die Frauen. Auffällig ist, dass beim Weinkonsum – im Gegensatz zu allen anderen Getränkesorten - die Fahrschülerinnen höhere Mengenangaben machten als die männlichen Befragten. Das am meisten konsumierte alkoholische Getränk war erwartungsgemäß Bier bei beiden Geschlechtern. Die Geschlechtsunterschiede sind auch auf der Ebene der einzelnen Alkoholsorten jeweils signifikant (jeweils t-Testung; p < .01).

Frühere Untersuchungen haben einen Zusammenhang zwischen Alkoholkonsum und Bildungsniveau in der Form erbracht, dass alkoholgefährdete Jugendliche häufig ein niedrigeres Bildungniveau hatten (z. B. GREISER, 1987; DEGONDA, 1995). Die Tabelle 21 zeigt die durchschnittliche Trinkmenge der männlichen Fahrschüler aufgeschlüsselt nach Schulabschlüssen. Berücksichtigt bei den Schulabschlüssen sind wiederum nur die Fahranfänger, die keine Schüler mehr gewesen sind. Die Noch-Schüler sind als Extra-Gruppe aufgeführt.

Bei den Fahrschülerinnen ergaben sich keine bedeutsamen Unterschiede hinsichtlich der Alkoholtrinkmengen, wenn man diese nach dem erreichten Schulabschluss aufgliedert. Eine Systematik in der Verteilung war nicht erkennbar. Die Trinkmengen schwankten je nach Schulbildungsniveau zwischen sechs und acht Trinkeinheiten pro Woche.

Tabelle 21:
Mittelwerte der Trinkmengen einer Woche (in TE) zugeordnet
zum Bildungsniveau (nur Männer)

Abschluss/ Trinkmengen	Männer	Anzahl
ohne Abschluss	17,46 TE	24
Sonderschule	14,86 TE	9
Hauptschule	20,84 TE	412
Mittlere Reife	18,20 TE	352
FHS-Reife	16,00 TE	34
Abitur	13,91 TE	66
keine Angabe	17,71 TE	7
Noch-Schüler	13,52 TE	548

Es fällt auf, dass die männlichen Hauptschüler die höchsten, die Abiturienten und Schüler die geringsten Trinkmengen aufweisen. Die Sonderschüler sind wegen der geringen Anzahl nur bedingt mit in diese Betrachtung einzubeziehen. Berücksichtigt man das Durchschnittsalter der einzelnen Bildungsgruppen, so wiesen die Noch-Schüler einen Altersdurchschnitt von ca. 17,5 Jahren, die Männer mit Haupt- oder Realschulabschluss waren ungefähr 18,5 Jahre und die Fahrschüler mit Abitur ca. 20,5 Jahre alt.

Wenn man dabei berücksichtigt, dass der Alkoholkonsum in der Regel bis zum Beginn des dritten Lebensjahrzehnts eher noch ansteigt, wären zumindest für die Fahrschüler mit Abitur höhere Trinkmengen zu erwarten gewesen, wenn die Schulbildung keine Rolle spielte.

Ob das Trinkverhalten aber tatsächlich unmittelbar mit dem Bildungsniveau zusammenhängt oder eher durch das soziale Umfeld bedingt ist, lässt sich nicht klären. Man muss sicherlich berücksichtigen, dass die Hauptschüler früher in die Berufsausbildung kommen, dadurch auch eher in die Erwachsenenwelt integriert werden und sich den dortigen (Trink-)Sitten entsprechend anpassen, während die Abiturienten länger in einem schulischen Umfeld bleiben.

Um insgesamt eine bessere Übersicht über die getrunkenen Mengen zu bekommen, wurden die Angaben aller Fahrschüler zu Mengenklassen (TM) zusammen gefasst. Zwischen den einzelnen Alkoholsorten wird hierbei nicht mehr differenziert. Hinter den Klassen sind die Bereiche (in Trinkeinheiten) wiedergegeben, die durch die jeweilige Klasse abgedeckt werden.

Die Bereiche sind hierbei nicht gleich groß, sondern richten sich nach den Häufigkeiten der Nennungen bestimmter Mengen bzw. in den höheren Klassen nach Umrechnungen, die Rückschlüsse auf den täglichen/durchschnittlichen Alkoholkonsum zulassen.

Tabelle 22:
Wochensumme in Trinkmengenklassen

Klasse/	Geschlecht		
Wochensumme	männlich	weiblich	Gesamt
TM 0 0 TE	76 5,2 %	74 6,5 %	150 5,8 %
TM I 0,1 – 3 TE	252 17,4 %	452 39,5 %	704 27,1 %
TM II 3,1 – 5 TE	160 11,0 %	191 16,7 %	351 13,5 %
TM III 5,1 – 7 TE	113 7,8 %	113 9,9 %	226 8,7 %
TM IV 7,1 – 10 TE	153 10,5 %	112 9,8 %	265 10,2 %
TM V 10,1 – 17,5 TE	239 16,5 %	118 10,3 %	357 13,8 %
TM VI 17,6 – 35 TE	261 18,0 %	67 5,9 %	328 12,6 %
TM VII 35,1 – 70 TE	159 11,0 %	13 1,1 %	172 6,6 %
TM VIII über 70 TE	39 2,7 %	3 0,3 %	42 1,6 %
Gesamt	1.452	1.143	2.595

In Tabelle 22 wird erkennbar, dass die männlichen Befragten deutlich mehr Alkohol konsumierten als die weiblichen. Die eindeutige Erhöhung des Männeranteils erfolgt in der Klasse TM IV, also bei durchschnittlich mehr als z. B. einem Bier (0,2 l) pro Tag. Der Verteilungsunterschied ist signifikant (Chi-Quadrat = 344,560; df 8; $p < .01$).

Die Hypothese A.2 ist nicht falsifiziert:

Die männlichen Fahrschüler geben signifikant höhere Alkoholtrinkmengen in Bezug auf die der Erhebung vorangegangenen Woche an als die weiblichen.

Interessant erscheint in diesem Zusammenhang, die sogenannten kritischen klinischen Grenzen zu betrachten. Bei Frauen gilt der Konsum von mehr als 20 g und bei Männern mehr als 60 g reinem Alkohol täglich als bedenklich (THALER, 1977), das Risiko einer Leberzirrhose ist in solchen Fällen erheblich gesteigert (FEUERLEIN et. al., 1991). FEUERLEIN (1989) hat für Frauen eine kritische Grenze von 40 g Alkohol täglich angegeben.

Für die Fahrschülerbefragung ergibt sich, dass 68,4 % der Männer und 92,7 % der Frauen den Trinkmengenklassen TM 0-V zuzuordnen sind. Das entspricht einer durchschnittlichen täglichen Aufnahme von maximal 20 g reinem Alkohol pro Tag. In den höheren Trinkmengenklassen finden sich also die Fahrschüler, die mehr als 20 g täglich aufgenommen hatten, was 7,3 % der Frauen betraf. Mehr als durchschnittlich 40 g pro Tag hatten 1,4 % der Frauen – was für diese gesundheitliche Gefahren mit sich bringt – und 13,7 % der Männer konsumiert. Die kritische Grenze von 60 g täglich überschritten 5,9 % der Männer (0,4 % der Frauen).

In der Trinkmengenklasse TM VIII sind die Personen erfasst, die durchschnittlich täglich mehr als 80 g Alkohol zu sich genommen haben (2,7 % der Männer und 0,3 % der Frauen). Um auszuschließen, dass in dieser Klasse hauptsächlich Fahrschüler aufgenommen wurden, die einmalig in der Woche vor der Erhebung derart viel Alkohol getrunken haben, wurden nur die Personen betrachtet, die auch angegeben haben, (fast) täglich oder zumindest mehrmals wöchentlich alkoholische Getränke zu konsumieren. In der Trinkmengenklasse TM VIII finden sich dann noch immer 34 Männer (2,3 %) und die o. g. 3 Frauen (0,3 %). Hieraus wird deutlich, dass diese Fahrschüler vermutlich nicht nur einmalig viel, sondern regelmäßig Alkohol in gesundheitschschädigendem Ausmaß konsumieren bzw. konsumiert haben.

Interessant hierbei ist die subjektive Einschätzung des eigenen Trinkverhaltens im Vergleich zum sozialen Umfeld. Die Fahrschüler wurden aufgefordert, ihren Konsum in Relation zu Gleichaltrigen zu bewerten. Es fällt auf, dass die Mehrzahl der Befragten (62,6 %) annahmen, weniger Alkohol als Gleichaltrige zu trinken (Tabelle 23). Lediglich 4,4 % nahmen an, dass ihr Alkoholkonsum höher sei als der Gleichaltriger. Bei den Frauen gaben sogar 72,9 % an, dass sie ihren Alkoholkonsum niedriger einschätzten als den der Gleichaltrigen. Bei Vergleichen mit den Trinkgewohnheiten zwischen Frauen und Männern ist diese Einschätzung für die Frauen nachvollziehbar. Die Angaben unterscheiden sich in Abhängigkeit vom Geschlecht signifikant (Chi-Quadrat = 100,72; df 3; p < .01).

Tabelle 23:
Vergleich mit Gleichaltrigen

"Im Vergleich zu Gleich-altrigen trinke ich ..."	Geschlecht		Gesamt
	männlich	weiblich	
weniger Alkohol	791	833	1.624
	54,5 %	72,9 %	62,6 %
genauso viel Alkohol	536	273	809
	36,9 %	23,9 %	31,2 %
mehr Alkohol	91	22	113
	6,3 %	1,9 %	4,4 %
keine Antwort	34	15	49
	2,3 %	1,3 %	1,9 %
Gesamt	1.452	1.143	2.595

Betrachtet man die Bewertung des eigenen Konsums aufgeschlüsselt nach Trinkmengen-klassen werden jedoch Widersprüche deutlich. Selbst von den Fahrschülern, die aufgrund ihrer Mengenangaben in die höchsten Trinkmengenklassen TM VI-VIII eingestuft wurden – also bereits auch im medizinischen Sinne bedenkliche Trinkgewohnheiten hatten –, gaben nur 12,2 % für die Klasse TM VI, 15,7 % für die Klasse TM VII und 28,6 % für die Klasse VIII an, mehr als Gleichaltrige zu trinken.

Eine Erklärung hierfür könnte sein, dass Vieltrinker sicherlich eher Peer-Gruppen angehö-ren, in denen auch insgesamt viel Alkohol konsumiert wird. Der Vergleich mit Gleichaltri-gen fällt also entsprechend oft nur bezogen auf die Mitglieder dieser Clique aus. Außer-dem wirkt sicherlich auch die Tendenz zum Abwärts-(oder besser Aufwärts-)vergleich ("es findet sich immer jemand, der noch mehr trinkt, also ist mein Konsum nicht so drama-tisch"), der dazu führt, dass der eigene Alkoholkonsum verharmlost wird und der Betref-fende so sein eigenes Verhalten nicht mehr kritisch hinterfragen muss.

Die Fahrschüler wurden auch dazu befragt, ob es sich bei der Beschreibung des Wochen-konsums, also bei der der Erhebung vorangegangenen Woche, um eine "normale Woche" hinsichtlich des Alkoholtrinkverhaltens gehandelt habe (Frage 21: *"War die letzte Woche bezogen auf Ihren Alkoholkonsum eine 'normale Woche'?).*

In Tabelle 24 ist dargestellt, dass die Mehrzahl der Befragten (56,4 %) angab, dass es sich bei der beschriebenen vergangenen Woche um eine normale Woche in Bezug auf den Alkoholkonsum gehandelt habe. Auffällig ist jedoch, dass mehr als ein Drittel (37,9 %) der

Untersuchungsteilnehmer angaben, sonst weniger Alkohol zu trinken, wohingegen lediglich 4,7 % ankreuzten, sonst mehr Alkohol zu trinken.

Tabelle 24:
Bewertung des Alkoholkonsums der vorangegangenen Woche

Bewertung der Woche	Geschlecht		
	männlich	weiblich	Gesamt
normale Woche	799 55,0 %	665 58,2 %	1.464 56,4 %
ich trinke sonst mehr	85 5,9 %	38 3,3 %	123 4,7 %
ich trinke sonst weniger	557 38,4 %	426 37,3 %	983 37,9 %
keine Angabe	11 0,8 %	14 1,2 %	25 1,0 %
Gesamt	1.452	1.143	2.595

Die Ursache für den Umstand, dass derart viele Befragte angaben, sonst weniger Alkohol zu trinken, ist sicherlich im Nachhinein nicht mehr eindeutig zu klären. Es ist jedoch wahrscheinlich, dass die Angabe "ich trinke sonst weniger" bei vielen Befragten wohl eher darauf basierte, dass die Konfrontation mit den konsumierten Trinkmengen in der Frage zuvor diese dazu brachte, das eigene Trinkverhalten im Sinne sozialer Erwünschtheit zu relativieren. Insofern fand ein (Selbst-)Betrug zur Reduktion der kognitiven Dissonanz statt. In diese Bewertung passen sicherlich auch die Zahlen bzgl. des Vergleichs mit Gleichaltrigen (Tabelle 23).

Bestärkt wird diese Annahme durch die Tatsache, dass mit steigender Trinkmengenklasse (Tabelle 22) auch der Anteil derer zunimmt, die ausführen, sonst weniger Alkohol zu trinken. Während bei den Untersuchungsteilnehmern aus den Trinkmengenklassen TM I und II 30,0 % bzw. 33,3 % angaben, sonst weniger zu trinken – was immer noch mehr sind als erwartet –, haben aus den Trinkmengenklassen TM VII und VIII sogar 56,4 % bzw. 57,1 % diese Antwort gegeben. Dies erscheint zwar auf den ersten Blick logisch, gleichzeitig sind in den höheren Trinkmengenklassen aber auch die Personen, die am häufigsten angegeben haben, (fast) täglich Alkohol zu konsumieren. Die Fahrschüler, die aufgrund ihrer Angaben der Trinkmengenklasse TM VII zugeordnet wurden, erklärten z. B. zu 68,6 % fast täglich oder zumindest mehrmals in der Woche Bier zu konsumieren, dies traf für die Trinkmengenklasse TM VIII sogar bei 83,3 % der Befragten zu. Aus der Trinkmengenklasse TM I räumten nur 5 %, aus der Trinkmengenklasse II nur 10,9 % ein, zumindest mehrmals in der Woche Bier zu trinken.

Wie erläutert, kann man einen Zusammenhang zwischen Trinkhäufigkeit und Trinkmenge annehmen (SCHULZE, 1996). Auch in der vorliegenden Untersuchung zeigten sich diese Zusammenhänge, wenn man die Konsumhäufigkeit von Bier (als meistkonsumiertem alkoholischem Getränk) den Trinkmengenklassen gegenüberstellt. Betrachtet man nun die Angaben der Fahrschüler zur Frage, ob die vorausgegangene Woche eine normale Woche gewesen sei, so wäre daraus zu schließen, dass mehr als die Hälfte der Personen, die in der Vorwoche sehr viel Alkohol konsumiert hatten, sonst zwar ähnlich häufig aber eben in der Menge weniger konsumiert hätten. Dies erscheint jedoch wenig nachvollziehbar. Vielmehr ist anzunehmen, dass die starken Trinker der Woche vor der Befragung auch sonst zu den starken Trinkern zu rechnen waren, sich dies aber bei der Reflektion der tatsächlichen Trinkmengen nicht eingestehen wollten und entsprechend angaben, sonst weniger zu trinken.

Die Ergebnisse zeigen aber auch, dass allein die Erfassung der Konsumhäufigkeit nicht ausreicht, um ein vollständiges Bild über die Trinkgewohnheiten zu gewinnen. Immerhin waren 22 % der männlichen regelmäßigen Alkoholkonsumenten und sogar 50 % der weiblichen regelmäßigen Alkoholkonsumenten den niedrigeren Trinkmengenklassen TM I bis IV zuzuordnen. Wichtig ist also, nicht nur zu betrachten, wie häufig Alkohol konsumiert wird, sondern vor allem, wie viel dann getrunken wird, gerade wenn – wie bei dieser Stichprobe – der Alkoholkonsum insgesamt üblich ist. Der Zusammenhang besteht also vor allem nur in eine Richtung: Wer viel trinkt, trinkt in der Regel auch häufig, wer aber häufig trinkt, muss nicht automatisch auch viel trinken!

Die Angaben zur Frage nach der Rauschhäufigkeit bestätigt im Antwortverhalten die Ausführungen in Bezug auf die Angaben zur "normalen Woche". Mit steigender Trinkmengenklasse nahm auch die Rauschhäufigkeit zu. Aus den Trinkmengenklassen TM I und II gaben 8,1 % bzw. 15,8 % an, mehrmals in den letzten 12 Monaten betrunken gewesen zu sein, aus den Trinkmengenklassen TM VII und VIII erklärten dies 58,7 % bzw. 78,6 % (zur Darstellung der Angaben zur Rauschhäufigkeit wird auf Tabelle 27 verwiesen).

Insgesamt zeigt sich also, dass die Angaben zum Trinkverhalten dafür sprechen, dass es sich in vielen Fällen (bei den Vieltrinkern) nicht um eine Ausnahme bzgl. der konsumierten

Menge handelte und daher erhebliche Zweifel bestehen, dass die Angabe, sonst weniger Alkohol zu trinken, der Realität entsprach. Hieraus muss man ableiten, dass mit steigendem Alkoholkonsum in der Untersuchungsstichprobe der "Selbstbetrug" bzgl. des eigenen Trinkverhaltens zunahm.

Um einen Hinweis auf die Alkoholtoleranz zu bekommen (vgl. Abschnitt 5.3), wurden die Fahrschüler auch dazu befragt, nach welcher Menge Alkohol sie eine erste Wirkung desselben verspüren. Hintergrund ist die Tatsache, dass mit steigender Alkoholtoleranz im Zuge häufiger Alkoholaufnahme die Menge gesteigert werden muss, um eine (erste) Wirkung zu erreichen (FEUERLEIN, 1989). Auffällig bei der Fahrschülerbefragung war, dass 10,9 % der Teilnehmer keine Angaben bei dieser Frage machten. Die Ursache hierfür ist evtl. darin zu sehen, dass es sich um eine offene Antwortkategorie handelte, was wohl einige dazu veranlasste, hier keine Eintragungen vorzunehmen. Die Angaben sind wiederum in Klassen (W) zusammengefasst dargestellt (Tabelle 25).

"Eine erste Wirkung des Alkohols verspüre ich nach _____ "
(z. B. 3 Gläser (0,2 l) Bier

Tabelle 25:
Erste Alkoholwirkung

Klasse/	Geschlecht		
1.Wirkung nach	männlich	weiblich	Gesamt
W I 0 – 1 TE	43 3,0 %	132 11,5 %	175 6,7 %
W II 1,1 – 2 TE	175 12,1 %	372 32,5 %	547 21,1 %
W III 2,1 – 3 TE	225 15,5 %	230 20,1 %	455 17,5 %
W IV 3,1 – 4 TE	217 14,9 %	122 10,7 %	339 13,1 %
W V 4,1 – 5 TE	281 19,4 %	92 8,0 %	373 14,4 %
W VI 5,1 – 7,5 TE	195 13,4 %	48 4,2 %	243 9,4 %
W VII 7,6 – 10 TE	134 9,2 %	12 1,0 %	146 5,6 %
W VIII über 10 TE	32 2,2 %	1 0,1 %	33 1,3 %
keine Angabe	150 10,3 %	134 11,7 %	284 10,9 %
Gesamt	1.452	1.143	2.595

Wie zu vermuten war, zeigte sich auch bei der Frage nach der ersten Alkoholwirkung, dass die weiblichen Befragungsteilnehmer wesentlich geringere Mengen angaben, die zu einer ersten Alkoholwirkung führen als die Männer. Der Verteilungsunterschied zwischen den Geschlechtern ist signifikant (Chi-Quadrat = 428,836; df 8; p < .01). Während nahezu 2/3 der Fahrschülerinnen (64,1 %/72,8 %[a]) erklärten, bereits nach maximal drei Trinkeinheiten (z. B. 0,6 l Bier) eine erste Alkoholwirkung zu verspüren, sind mit diesen drei Trinkeinheiten nur 30,6 % (34,0 %[a]) der männlichen Teilnehmer erfasst. 11,4 % (12,8 %[a]) der Männer gaben sogar an, 10 oder mehr Trinkeinheiten zu konsumieren, bevor sie eine Wirkung bemerkten, bei den Fahrschülerinnen betraf dies lediglich 1,1 % (1,2 %[a]).

Auch in Bezug auf die Frage nach der ersten Wirkung machten also die männlichen Befragten durchschnittlich signifikant höhere Mengenangaben als die weiblichen. Der Mittelwert bei den Männern lag bei 4,8 TE, der der Frauen bei 2,9 TE (t = 20,049; df 2309; p < .01).

Hypothese A.3 ist nicht falsifiziert:
Die männlichen Fahrschüler geben signifikant höhere Alkoholtrinkmengen bezüglich einer ersten Rauschwirkung an als die weiblichen.

Ein Vergleich zwischen der angegeben Trinkmenge bis zur ersten Alkoholwirkung und der Häufigkeit des Alkoholkonsums macht auch erneut den Zusammenhang zwischen Menge und Häufigkeit deutlich. Während aus den Klassen W I und II 5,7 % bzw. 11,3 % angaben, an mehreren Tagen in der Woche Alkohol zu trinken, erklärten dies aus den Klassen W VII und VIII 50,7 % bzw. 66,6 %.

Auch Frage 24 befasste sich mit den konsumierten Alkoholmengen. Die Fahrschüler sollten eine Einschätzung abgeben, wie viel Alkohol sie bei ihrem 'absoluten Rekord' getrunken haben (*"Können Sie bitte angeben, was und wie viel Sie an dem Tag/Abend getrunken haben, als Sie Ihren eigenen 'absoluten Rekord' aufgestellt haben?"*).

Problematisch bei der Auswertung und Interpretation der Ergebnisse dieses Items ist, dass nur 58,2 % aller Befragten in dieser wiederum offenen Kategorie überhaupt verwertbare Angaben machten. Bei der Durchsicht der Fragebogen fiel auf, dass vielfach lediglich

---

[a] Die kursiv dargestellten Prozentzahlen beziehen sich auf die Fahrschüler, die überhaupt Angaben machten.

Anmerkungen gemacht wurden ("reichlich", "bis zum Abwinken", "wenn ich das bloß noch wüsste" u. ä.), ohne dabei konkrete Mengen zu nennen oder nennen zu können.

Bei der Betrachtung der Mittelwerte ergibt sich wiederum, dass die Männer signifikant höhere Mengen angeben als die Frauen. Die durchschnittliche 'Rekordmenge' liegt bei den Männern mit 25,7 TE fast doppelt so hoch wie bei den Frauen mit 13,6 TE ($t = 15{,}253$; df 1507; $p < .01$).

In der folgenden Tabelle 26 beziehen sich die Prozentangaben immer auf die Fahrschüler, die verwertbare Angaben gemacht haben. Auch hier ist zu besseren Übersicht wieder eine Aufteilung in Klassen (R) vorgenommen.

Tabelle 26:
Rekordtrinkmenge

Klasse/Rekordmenge	Geschlecht		Gesamt
	männlich	weiblich	
R I 0,5 – 5 TE	61 6,6 %	94 16,2 %	155 10,3 %
R II 5,1 – 10 TE	106 11,4 %	191 32,9 %	297 19,7 %
R III 10,1 – 20 TE	254 27,3 %	186 32,1 %	440 29,2 %
R IV 20,1 – 30 TE	225 24,2 %	67 11,6 %	292 19,4 %
R V 30,1 – 40 TE	145 15,6 %	31 5,3 %	176 11,7 %
R VI 40,1 – 50 TE	88 9,5 %	8 1,4 %	96 6,4 %
R VII über 50 TE	50 5,4 %	3 0,5 %	53 3,5 %
Gesamt	929	580	1.509

Zunächst einmal ist auffällig, dass die angegeben Mengen insgesamt sehr hoch waren. 54,7 % der Männer und 18,8 % der Frauen erklärten, schon einmal mehr als 20 Trinkeinheiten (also z. B. mehr als 4 l Bier) zu einem Anlass konsumiert zu haben. Bei den männlichen Befragten führten 5,4 % sogar an, schon einmal mehr als 50 Trinkeinheiten (10 l Bier oder 5 l Wein) getrunken zu haben.

Die Geschlechtsunterschiede sind auch in diesem Bereich – wie oben bereits erwähnt – deutlich ausgeprägt (Verteilungsunterschied signifikant bei Chi-Quadrat = 241,757; df 6; p < .01). Während bis einschließlich Klasse R III 81,2 % der Fahrschülerinnen erfasst sind, fallen in diese Klassen nur 45,3 % der männlichen Befragten. Mit der Einschränkung, dass ein großer Teil (41,8 %) der Befragungsteilnehmer nicht konkret auf die Frage geantwortet hat, ist festzuhalten:

Hypothese A.4 ist nicht falsifiziert:
Die männlichen Fahrschüler geben signifikant höhere Alkoholtrinkmengen bezüglich der jemals getrunkenen Höchstmenge an Alkoholika an als die weiblichen.

Neben der Tatsache, dass insgesamt nur etwas mehr als die Hälfte der befragten Fahrschüler Angaben zu dieser Frage gemacht hatten, muss sicherlich berücksichtigt werden, dass der Zeitraum, in dem die angegebene Menge konsumiert wurde, nicht bekannt ist. Gerade bei den Fahrschülern, die aufgrund ihrer Angaben in die höheren Rekordmengenklassen eingeordnet wurden, ist es möglich, dass einige hier die genannte Menge an einem Abend bzw. in einigen Stunden getrunken haben, andere wiederum vielleicht bereits am Morgen oder Vormittag mit dem Alkoholkonsum begonnen haben, der dann bis spät in die Nacht fortgesetzt wurde.

Dennoch lassen die Angaben Rückschlüsse auf die Konsumgewohnheiten und auch den Grad der Alkoholgewöhnung zu. Deutlich wird dies, wenn man noch einmal die Rekordmengen in Zusammenhang mit den Trinkhäufigkeiten bringt. Hier zeigt sich erneut das oben schon deutlich gewordene Muster. Fahrschüler, die den höheren Rekordmengenklassen zugeordnet wurden, gaben auch häufigeren Alkoholkonsum an. So führten 4,5 % der Rekordmengenklasse R I und 9,8 % der Rekordmengenklasse R II an, zumindest an mehreren Tagen der Woche oder täglich Alkohol zu konsumieren. Dies betraf aber 55,2 % der Klasse R V und sogar 66,0 % der Klasse R VI.

Es zeigten sich auch korrelative Zusammenhänge (n. Pearson; [**] => p < .01) zwischen der sogenannten Wochensumme und der Rekordmenge: .41[**] bei den Männern und .25[**] bei den Fahrschülerinnen. Der korrelative Zusammenhang zwischen der Wochensumme und der Trinkmenge zum Erreichen einer ersten Alkoholwirkung fiel etwas geringer aus: .33[**] bei den Männern und .25[**] bei den Frauen.

Zusammenfassend kann in Bezug auf die Trinkmengen festgestellt werden, dass die männlichen Fahrschüler bei allen Items (mit Ausnahme des Wein/Sekt-Konsums) zum eigenen Konsum signifikant höhere Angaben machten als die weiblichen. Die männlichen Fahrschüler machten höhere Angaben zu den Trinkhäufigkeiten und den Trinkmengen, sowohl was den Wochenkonsum betraf als auch die Höchstmenge zu einem Trinkanlass.

8.3.3 "Trinkkarriere"

Bei früheren Untersuchungen wurde teilweise die Rauschhäufigkeit als Indikator für das Konsumverhalten verwendet, weil man davon ausgeht, dass Personen, die häufig und viel Alkohol trinken auch entsprechend häufig berauscht sind, bzw. dass Personen, die häufiger betrunken sind, auch generell viel Alkohol trinken (z. B. DEGONDA, 1995). Kritisch anzumerken ist hierzu allerdings, dass mit einer Alkohol-Toleranzsteigerung bei häufigem und starkem Trinken auch eine subjektive Erlebnisabstumpfung einhergeht, so dass der Rausch erst sehr spät, d. h. nach sehr großer Trinkmenge, bzw. gar nicht mehr wahrgenommen wird. Die Antwortkategorien zur Frage der Rauschhäufigkeit in der eigenen Untersuchung sind nur sehr grob abgestuft gewesen, konkrete Zahlen zu den Rauscherlebnissen wurden nicht erfragt, insofern lässt sich nicht klären, was der einzelne Fahrschüler z. B. unter dem Begriff 'mehrmals' verstanden hat.

Tabelle 27:
Rauscherlebnisse-Gesamtstichprobe: *"Waren Sie bereits einmal oder mehrmals betrunken?"*

Rauschhäufigkeit	Geschlecht		Gesamt
	männlich	weiblich	
mehrmals in den letzten 12 Monaten	514 35,4 %	148 12,9 %	662 25,5 %
mehrmals in meinem Leben	541 37,3 %	416 36,4 %	957 36,9 %
einmal	180 12,4 %	296 25,9 %	476 18,3 %
noch nie	208 14,3 %	280 24,5 %	488 18,8 %
keine Angabe	9 0,6 %	3 0,3 %	12 0,5 %
Gesamt	1.452	1.143	2.595

Der Geschlechtervergleich (Tabelle 27) zeigt, dass wesentlich mehr Männer mehrere Räusche im zurückliegenden Jahr erlebt hatten als Frauen, wohingegen 24,5 % der Frauen gegenüber 14,3 % der Männer noch nie einen Rausch erlebt hatten. Der Verteilungsunterschied ist signifikant (Chi-Quadrat = 226,994; df 4; p < .01).

Im Rahmen der vorgegebenen Antwortmöglichkeiten zu den Rauschhäufigkeiten ergab sich auch ein deutlicher Zusammenhang zwischen den Kategorien und der angegebenen Trinkmenge für die vergangene Woche, dies auch bei beiden Geschlechtern, wie aus Tabelle 28 hervorgeht.

Tabelle 28:
Durchschnittliche Trinkmengen der vorangegangenen Woche in
Relation zur Rauschhäufigkeit

Rauschhäufigkeit	Trinkmenge	
	männlich	weiblich
mehrmals in den letzten12 Monaten	26,8 TE	11,9 TE
mehrmals in meinem Leben	15,0 TE	7,6 TE
einmal	7,6 TE	4,7 TE
noch nie	5,7 TE	4,0 TE

Es zeigte sich, dass die Fahrschüler, die mehrmals im vergangenen Jahr betrunken gewesen waren, auch mit Abstand die größten Trinkmengen angegeben hatten. Die Korrelation (n. Pearson) zwischen der Rauschhäufigkeit und der Trinkmenge beträgt für die männlichen Fahrschüler .38, für die weiblichen .28 und ist jeweils auf dem 1%-Niveau signifikant. Dies wird auch bestätigt, wenn man die 'Rauschverteilung' über die Trinkmengenklassen (TM) betrachtet. Von den Fahrschülern der hohen Trinkmengenklassen hatten zwischen 60 und 80 % angeben, mehrmals in den letzten 12 Monaten betrunken gewesen zu sein. Auch hier wird deutlich, dass die hohe Trinkmenge in der Woche vor der Befragung keine Ausnahme gewesen war.

Die Fahrschüler der vorliegenden Studie wurden 1990/91 nach dem Alter zum Zeitpunkt ihres ersten Rausches gefragt. Bei der Auswertung zur Überprüfung der Hypothese A.5 fiel auf, dass hierzu 20,5 % der Befragten keine Angaben machten. Dementsprechend beziehen sich die Prozentzahlen der Tabelle 29 auf die 79,5 % der Fahrschüler, die diese

Frage beantworteten. Der Großteil dieser fehlenden Angaben resultierte aus der Vorfrage nach der Rauschhäufigkeit. Hier hatten 488 Fahrschüler (18,8 %) angegeben, noch nie betrunken gewesen zu sein, 208 Männer (14,3 %) und 280 Frauen (24,5 %).

Die Altersangaben derer, die mindestens einen Rausch einräumten und Angaben hierzu machten, schwankten zwischen 4 Jahren und 24 Jahren beim ersten Rausch, wobei 79,3 % in den Bereich 14 bis 17 Jahre fielen. Der Altersdurchschnitt beim ersten Rausch bei den Männern lag bei 15,1 Jahren, der der Frauen bei 15,8 Jahren ($t = -8,214$; df 2062; $p < .01$).

Tabelle 29
Alter beim ersten Rausch (in Lebensjahren)

Alter	Geschlecht		Gesamt
	männlich	weiblich	
10 Jahre und jünger	33 2,7 %	5 0,6 %	38 1,8 %
11-13 Jahre	154 12,7 %	59 6,9 %	213 10,3 %
14 Jahre	207 17,1 %	92 10,8 %	299 14,5 %
15 Jahre	272 22,4 %	159 18,7 %	431 20,9 %
16 Jahre	319 26,3 %	274 32,2 %	593 28,7 %
17 Jahre	142 11,7 %	171 20,1 %	313 15,2 %
18 Jahre und älter	85 7,0 %	92 10,8 %	177 8,6 %
Gesamt	1.212	852	2.064

In dieser Übersicht wird deutlich, dass das niedrigere Durchschnittsalter beim ersten Rausch bei den Männern auch in der Gesamtverteilung bestätigt wird und nicht etwa durch "Ausreißer" bedingt ist. Während bei den Männern 54,9 % bereits ein Rauscherlebnis vor Vollendung des 16. Lebensjahres hatten, betraf dies nur 37,0 % der Fahrschülerinnen. Der Verteilungsunterschied ist signifikant (Chi-Quadrat = 83,536; df 7; $p < .01$).

Hypothese A.5 ist nicht falsifiziert:

Die männlichen Fahrschüler sind zum Zeitpunkt des ersten Rauschs signifikant jünger als die weiblichen.

Betrachtet man die Zusammenhänge zwischen dem Alter beim ersten Rausch und der Zugehörigkeit zu den Trinkmengenklassen (Tabelle 22), zeigt sich hier bei den männlichen Befragten eine klare Systematik. Von den Männern, die erst 10 Jahre oder jünger bei ihrem Rausch gewesen sind, waren 33,4 % den höchsten beiden Trinkmengenklassen (TM VII und VIII) zuzuordnen. Von denen, die 14 Jahre bei ihrem ersten Rausch alt waren, erfassten die Trinkmengenklassen TM VII und VIII noch 20,8 %, die 16 Jahre alt waren, 11,3 % und von denen, die bei ihrem ersten Rausch 18 Jahre oder älter waren, wurden nur noch 5,9 % den Trinkmengenklassen TM VII und VIII zugeordnet. Für die Fahrschülerinnen ist eine solche Betrachtung nicht sinnvoll, da die Zellenbesetzung in den hohen Trinkmengenklassen für eine Aufteilung zu gering ist (12 Frauen gegenüber 203 Männern).

Aufschlussreich ist zusätzlich die Betrachtung der Mittelwerte der Trinkmengen einer Woche in Relation zum Alter zum Zeitpunkt des ersten Rausches (Tabelle 30). Hier wird deutlich, dass die männlichen Fahrschüler, die bei der Befragung 1990/91 angaben, bei ihrem ersten Rausch 10 Jahre oder jünger gewesen zu sein, im Durchschnitt mehr als dreimal soviel Alkohol in einer Woche konsumierten wie diejenigen, die erklärt hatten, beim ersten Rausch 17 Jahre oder älter gewesen zu sein.

Tabelle 30:
Mittelwerte der Wochensumme (in TE) in Relation zum Alter beim ersten Rausch

Alter beim ersten Rausch	Durchschnittstrinkmenge		Gesamt
	männlich	weiblich	
10 Jahre und jünger	37,2 TE	1,4 TE	32,5 TE
11-13 Jahre	28,9 TE	11,6 TE	24,1 TE
14 Jahre	22,4 TE	10,0 TE	18,6 TE
15 Jahre	19,0 TE	8,3 TE	15,0 TE
16 Jahre	15,1 TE	6,7 TE	11,2 TE
17 Jahre	11,9 TE	5,9 TE	8,7 TE
18 Jahre und älter	11,3 TE	4,9 TE	8,0 TE
Gesamt	16,9 TE	6,5 TE	12,3 TE

Bei den Fahrschülerinnen fällt auf, dass die beim ersten Rausch Jüngsten den geringsten Wochendurchschnitt aufwiesen. Hierzu ist jedoch festzustellen, dass dieser Mittelwert aus den Angaben von nur fünf Personen berechnet ist. Eine inhaltliche Interpretation scheint daher wenig sinnvoll. Berücksichtigt man vielmehr den Verlauf über die weiteren Alters-stufen, zeigt sich eine deutliche Parallele zu den Männern.

Betrachtet man die Korrelationen zwischen dem Alter zum Zeitpunkt des ersten Rausches und den von den Fahrschülern berichteten Trinkmengen, zeigen sich deutliche Zusam-menhänge. Zwischen Alter beim ersten Rausch und der Wochentrinkmenge beträgt die Korrelation (n. Pearson; ** => p < .01) -.304**, zwischen Alter beim ersten Rausch und der Menge bzgl. der ersten Wirkung -.221** und zwischen Alter beim ersten Rausch und der Rekordmenge -.277**. Hier zeigt sich, dass je jünger die Person zum Zeitpunkt ihres ersten Rauscherlebnisses war, sie umso höhere Mengenangaben bei allen Fragen nach der Trinkmenge machte. Die Fahrschülerbefragung bestätigt also die Untersuchungen, die einen Zusammenhang zwischen dem Alter zum Zeitpunkt des ersten Rausches und den späteren Trinkgewohnheiten (zumindest als junge Erwachsene) insofern konstatieren, dass ein frühes Rausch-erleben eher zu generell erhöhtem Alkoholkonsum führt.

8.3.4 Hintergrundwissen der Fahrschüler

Um zu prüfen, inwieweit sich die Fahrschüler der Zusammenhänge zwischen Trinkmenge und Blutalkoholkonzentration bewusst gewesen sind, wurden sie auch um eine Einschät-zung gebeten, welche Trinkmengen (0,2 l-Gläser Bier) von Männern und Frauen getrun-ken werden müssten, um 0,5; 0,8 bzw. 1,1 Promille zu erreichen. Dies ist insofern interes-sant, da den Kraftfahrern ja eingeräumt wird, bis zu einer bestimmten Blutalkoholkonzen-tration (damals < 0,8 Promille) noch am Straßenverkehr teilzunehmen. Wenn die Trink-menge als Anhalt für den Grad der Alkoholisierung genommen würde, müssten Kenntnis-se darüber bestehen, wie viel man trinken kann, um einen bestimmten Promillewert nicht zu überschreiten.

Tabelle 31:
Angaben: *"Wieviel Gläser Bier muss ein Mann/eine Frau mit 70 kg Körpergewicht etwa trinken, um 'sicher' folgende Promillewerte zu erreichen
bzw. zu überschreiten:"*

		Mann 0,5	Mann 0,8	Mann 1,1	Frau 0,5	Frau 0,8	Frau 1,1
Männer	Mittelwert	2,7 TE	4,3 TE	6,4 TE	1,9 TE	3,4 TE	5,2 TE
	Minimum	0,5 TE	1,0 TE	1,0 TE	0,25 TE	0,5 TE	1,0 TE
	Maximum	23,0 TE	30,0 TE	35,0 TE	16,0 TE	20,0 TE	30,0 TE
	N	1.315	1.306	1.284	1.274	1.252	1.245
Frauen	Mittelwert	2,5 TE	4,0 TE	6,0 TE	1,8 TE	3,2 TE	5,0 TE
	Minimum	0,5 TE	1,0 TE	1,0 TE	0,25 TE	0,5 TE	1,0 TE
	Maximum	8,0 TE	10,0 TE	20,0 TE	8,0 TE	14,0 TE	20,0 TE
	N	963	956	942	977	963	955
Gesamt	Mittelwert	2,6 TE	4,2 TE	6,2 TE	1,9 TE	3,3 TE	5,1 TE
	N	2.278	2.262	2.226	2.251	2.215	2.200

Zwischen den Geschlechtern bestanden in diesen Angaben keine signifikanten Unterschiede. Auffällig ist aber, dass die tatsächlich benötigten Mengen zur Erreichung der vorgegebenen Promillewerte insgesamt deutlich unterschätzt wurden. Realistisch wären folgende Angaben gewesen:

Tabelle 32:
Trinkmengen und Promillewerte

	Mann 0,5	Mann 0,8	Mann 1,1	Frau 0,5	Frau 0,8	Frau 1,1
Real*	6,0 TE	9,0 TE	13,0 TE	4,0 TE	7,0 TE	11,0 TE

*bei angemessenem Trinktempo (kein sogenannter Sturztrunk)

Interessant hierbei ist sicherlich, dass nur 9 der 1.452 männlichen Fahrschüler (0,62 %)
und 4 der 1.143 Fahrschülerinnen (0,35 %) die Trinkmengen (+- 1 TE) vollständig richtig
einschätzten. Bei Betrachtung der Angaben unter Berücksichtigung der eigenen Trinkgewohnheiten zeigten sich keine signifikanten Unterschiede in den einzelnen Gruppen. Das
Phänomen, dass ca. 95 % der Fahrschüler die Trinkmengen zur Erreichung der vorgegebenen Promillewerte unterschätzten, ist unabhängig von persönlichen Alkoholkonsumgewohnheiten, also auch unabhängig von der eigenen Alkoholgewöhnung.

Hier zeigten sich die bereits beschriebenen Auswirkungen von Präventionsmaßnahmen bzgl. der Wirkungen des Alkohols. Auch den Fahrschülern 1990/91 ist vermutlich beigebracht worden, dass bereits geringe Trinkmengen ausreichten, um Promillewerte zu erreichen, die für eine Straßenverkehrsteilnahme nicht zulässig sind.

8.3.5 Alkohol und Tabak

In empirischen Studien wird häufig berichtet von Zusammenhängen zwischen Alkohol- und Nikotinkonsum. Bei zunehmenden Alkoholkonsum steigt auch der Tabakkonsum. Unter den starken Trinkern finden sich mehr Raucher als bei den gemäßigten Alkoholkonsumenten (DEGONDA, 1995). Die Fahrschüler wurden deshalb auch zu ihrem Tabakkonsum befragt. 1.440 (55,5 %) erklärten sich als Nichtraucher, 1.146 (44,2 %) als Raucher. Von den Männern gaben 46,4 %, von den Frauen 41,3 % an zu rauchen. Die Zahlen sind vergleichbar mit Erhebungen der BUNDESZENTRALE FÜR GESUNDHEITLICHE AUFKLÄRUNG (2001), die z. B. für 1993 eine Raucherquote von 47 % bei 18- bis 25-jährigen ermittelte.

Die Raucher sollten im Rahmen der Fahrschülerbefragung zusätzlich Angaben zur Anzahl der gerauchten Zigaretten pro Tag machen. Auch hier zeigten sich wiederum klare Geschlechtsunterschiede. Während 54,0 % der männlichen Raucher angaben, mehr als 10 Zigaretten täglich zu konsumieren, führten dies nur 43,2 % der Raucherinnen an (11 Raucher machten keine konkreten Mengenangaben).

Tabelle 33:
Zigarettenkonsum

Anzahl/täglich	Geschlecht		Gesamt
	männlich	weiblich	
1-5 Zigaretten	130 19,5 %	112 23,8 %	242 21,3 %
6-10 Zigaretten	176 26,5 %	155 33,0 %	331 29,2 %
11-20 Zigaretten	280 42,1 %	157 33,4 %	437 38,5 %
> 20 Zigaretten	79 11,9 %	46 9,8 %	125 11,0 %
Gesamt	665	470	1.135

Betrachtet man nun die Zusammenhänge zwischen dem Alkohol- und dem Nikotinkonsum so wird deutlich, dass sich mit zunehmender Trinkmenge pro Woche auch der Anteil der Raucher erhöhte, d. h. wenn man die Aufteilung der Stichprobe in Trinkmengenklassen (TM) betrachtet, nahm der Anteil der Raucher mit steigender Klasse zu (Tabelle 34).

Tabelle 34:
Alkohol- und Zigarettenkonsum

Klasse/ Wochensumme		Raucher			Gesamt
		nein	ja	keine Angabe	
TM 0	0 TE	114 76,0 %	36 24,0 %	0	150
TM I	0,1 – 3 TE	463 65,8 %	240 34,1 %	1 0,1 %	704
TM II	3,1 – 5 TE	209 59,5 %	141 40,2 %	1 0,3 %	351
TM III	5,1 – 7 TE	129 57,1 %	96 42,5 %	1 0,4 %	226
TM IV	7,1 –10 TE	132 49,8 %	131 49,4 %	2 0,8 %	265
TM V	10,1 – 17,5 TE	165 46,2 %	190 53,2 %	2 0,6 %	357
TM VI	17,6 – 35 TE	151 46,0 %	177 54,0 %	0	328
TM VII	35,1 – 70 TE	70 40,7 %	100 58,1 %	2 1,2 %	172
TM VIII	über 70 TE	7 16,7 %	35 83,3 %	0	42
Gesamt		1.440 55,5 %	1.146 44,2 %	9 0,3 %	2.595

Bei der Betrachtung dieser Verteilung nach Geschlechtern getrennt, zeigt sich, dass bei den Fahrschülerinnen zwar auch in den beiden niedrigsten Trinkmengenklassen der Anteil der Raucherinnen am geringsten war (25 bzw. 35 %) in den höheren Klassen jedoch die Raucherquote um 50 % pendelte. Bei den Männern hingegen war ein deutlicher kontinu-ierlicher Anstieg des Raucheranteils über die Trinkmengenklassen zu erkennen, bis hin zu 87,2 % Rauchern in der höchsten Klasse TM VIII. Hier wurde bestätigt, dass häufiger und starker Alkoholkonsum oft auch einhergeht mit Nikotinkonsum.

Vergleicht man auf der Basis des Zigarettenkonsums die durchschnittlichen Trinkmengen der Raucher und Nichtraucher, zeigten sich auch in diesem Bereich signifikante Unter-schiede. Die durchschnittliche Wochensumme der Nichtraucher betrug 9,6 TE, die der

Raucher hingegen 15,8 TE (t = -9,434; df 2584; p < .01). Auch bei getrennter Betrachtung der Geschlechter sind die Trinkmengen zwischen den Rauchern und Nichtrauchern signifikant unterschiedlich, wenngleich die Differenz bei den Männern erheblicher ist. Die nicht rauchenden männlichen Fahrschüler konsumierten durchschnittlich 12,8 TE, die rauchenden 21,5 TE (t = -8,375; df 1442; p < .01). Die Nichtraucherinnen kamen auf durchschnittlich 5,8 TE, die Raucherinnen auf 7,5 TE (t = -3,390; df 1140; p < .01).

Ein Zusammenhang zwischen konsumierter Alkoholmenge und der Anzahl der gerauchten Zigaretten ist auch feststellbar gewesen. Teilt man die Raucher in schwächere (bis 10 Zigaretten täglich) und stärkere Raucher (mehr als 10 Zigaretten täglich) auf, so war in den höchsten Trinkmengenklassen auch der Anteil der stärkeren Raucher am höchsten. Bei den Männern waren 71,4 % der Raucher aus den zwei höchsten Trinkmengenklassen starke Raucher, bei den Frauen 61,4 % der drei höchsten Klassen.

Die männlichen starken Raucher haben im Durchschnitt 25,2 TE, die schwächeren 17,1 TE in der Vorwoche konsumiert. Bei den Frauen ergab sich ein Mittelwert von 8,9 TE bei den stärkeren und ein Schnitt von 6,6 TE bei den schwächeren Rauchern.

Zusammenfassend kann daher gesagt werden, dass unter den starken Alkoholkonsumenten überdurchschnittlich viele Raucher zu finden sind und auch in der vorliegenden Erhebung ein Zusammenhang zwischen Alkoholtrinkmengen und Zigarettenkonsummengen feststellbar war.

8.3.6 Zusammenfassung

In diesem Kapitel wurde die Gesamtstichprobe der Fahrschüler von 1990/91 in Bezug auf die demographischen Variablen, die Einstellungen zu Alkohol im Straßenverkehr, die eigenen Trinkgewohnheiten (und auch die Tabakkonsumgewohnheiten) was Häufigkeit und Menge betrifft sowie das Wissen um Zusammenhänge zwischen Trinkmengen und Promillewerten beschrieben.

Bei den Einstellungen zum Alkohol im Straßenverkehr ließ sich feststellen, dass die Fahrschüler strengere Regeln überwiegend befürworteten, die Frauen noch mehr als die Männer. Insbesondere der Einführung strengerer Promillegrenzen bei der Verkehrsteilnahme wurde in weiten Teilen zugestimmt. Auch eine 0,0-Promille-Grenze wurde eher befürwortet, insbesondere wenn deren Einhaltung mit der Senkung von Versicherungsprämien 'belohnt' würde. Die Entdeckungswahrscheinlichkeiten von Verstößen (Kontrolldichte) z. B. durch die Polizei wurden als eher gering eingeschätzt, nur wenige befürchteten, den Führerschein in der Probezeit zu verlieren.

Bei den Alkoholkonsumgewohnheiten zeigte sich, dass die männlichen Fahrschüler signifikant häufiger und größere Mengen Alkohol konsumierten als die Fahrschülerinnen. Beliebtestes alkoholisches Getränk war bei beiden Geschlechtern Bier. Der Konsum fand in den meisten Fällen außer Haus und mit Freunden statt (Disco, Parties). Bei der Befragung zeigte sich, dass (v. a. von den Männern) bereits ein großer Teil medizinisch bedenkliche Mengen konsumierte. Immerhin 5,9 % der männlichen Fahrschüler hatten für die der Erhebung vorangegangen Woche einen Konsum von mehr als 60 g reinem Alkohol täglich angegeben, 1,4 % der Fahrschülerinnen hatten durchschnittlich mehr als 40 g Alkohol pro Tag konsumiert.

Es wurde deutlich, dass die Trinkmengen mit dem Lebensalter beim ersten Rausch negativ korrelierten, d. h. je jünger die Person beim ersten Rauscherlebnis gewesen ist, desto höher war der angegebene Konsum in der Fahrschulzeit.

Die Auswertung ergab auch Zusammenhänge zwischen Alkohol- und Tabakkonsum. Der Anteil der Raucher stieg mit zunehmender Trinkmenge, die für die Woche vor der Befragung eingeräumt worden war. Ebenso waren unter den starken Alkoholkonsumenten mehr starke Raucher vertreten als unter den schwächeren Konsumenten.

Die Angaben zu den Trinkmengen, die zur Erreichung bestimmter Promillewerte notwendig sind, waren bei der überwiegenden Mehrzahl zu niedrig gewesen, d. h. es wurde die tatsächlich notwendige Alkoholmenge zur Erreichung von 0,5, 0,8 bzw. 1,1 Promille jeweils deutlich unterschätzt.

Die im Abschnitt 7.3 dargestellten Hypothesen A.1 bis A.5 in Bezug auf die Fahrschülerbefragung (Erhebungszeitpunkt 1990/91) müssen nicht verworfen werden.

Im folgenden Kapitel wird auf die späteren Trunkenheitstäter als Teilstichprobe der Gesamtheit der Fahrschüler eingegangen (zweiter Erhebungszeitpunkt 1998). Es wird beschrieben, welche Merkmale die später tatsächlich im Straßenverkehr durch Alkohol am

Steuer Aufgefallenen von den Nichtaufgefallenen im Hinblick auf die hier dargestellten Variablen unterscheiden.

9 Alkoholauffällige Fahranfänger

In diesem Kapitel werden die wegen eines Alkoholverstoßes aufgefallenen Fahrschülerinnen und Fahrschüler beschrieben. Die auffälligen Fahranfänger werden hinsichtlich der im vorangegangenen Kapitel dargestellten Merkmale mit unauffälligen verglichen. Ziel ist es festzustellen, in welchen Bereichen sich die Trunkenheitstäter wesentlich von den bewährten Fahranfängern unterscheiden.

Von den 2.595 Personen der Gesamtstichprobe dieser Untersuchung sind im September 1998 insgesamt 65 Personen (2,5 %) wegen eines Alkoholverstoßes im Verkehrszentralregister (VZR) des Kraftfahrt-Bundesamtes (KBA) registriert gewesen. Betrachtet man zur Überprüfung der Hypothese B.1 die Geschlechtsverteilung, so ist festzustellen, dass unter den 65 alkoholauffälligen Kraftfahrern 62 Männer (95,4 %) und 3 Frauen (4,6 %) waren.

In Bezug auf die Gesamtstichprobe ergab sich daher bei den Männern eine Auffallensquote von 4,3 % (62 von 1.452). Bei den Frauen sind 0,3 % durch Alkohol am Steuer aufgefallen (3 von 1.143). Der Verteilungsunterschied ist hoch signifikant (Chi-Quadrat = 42,060; df 1; p < .01). Von den Männern sind 10 (0,7 %) Personen sogar mit einer zweiten Trunkenheitsfahrt registriert gewesen.

Hypothese B.1 ist nicht falsifiziert:
Von den männlichen Teilnehmern der Fahrschülerbefragung sind bis 1998 signifikant mehr durch Alkoholverstöße aufgefallen als von den weiblichen.

Die Fahranfänger waren wegen Verstoßes gegen die 0,8/0,5-Promille-Grenze (§ 24a StVG), wegen Trunkenheit im Verkehr (§ 316 StGB) oder wegen Gefährdung des Straßenverkehrs (§ 315c StGB) registriert.

An dieser Stelle soll noch einmal darauf hingewiesen werden, dass bei der Interpretation der Ergebnisse dieser Untersuchung berücksichtigt werden muss, dass die Verteilung der Gesamtstichprobe nicht als repräsentativ für die heutige Bundesrepublik zu betrachten ist. Außerdem ist anzumerken, dass wegen der geltenden Tilgungsfristen bereits 1998 Einträge wieder gelöscht sein konnten. Insofern sind die (noch) 1998 registrierten Verstöße sicherlich als eine Unterschätzung der tatsächlich aktenkundig gewordenen Trunkenheitsfahrten zu sehen.

Im Allgemeinen, z. B. auch in der Rechtsprechung, geht man davon aus, dass ca. 5 % aller Kraftfahrer – also gemittelt über Männer und Frauen – durch Alkohol am Steuer auffallen. STEPHAN (1988a) nennt bei den Männern eine Auffallensquote von 9 % bezogen auf einen Zehnjahreszeitraum.

Bei einer Untersuchung von Inhabern einer Fahrerlaubnis auf Probe (HANSJOSTEN & SCHADE, 1997) machte der Anteil der Verstöße gegen die 0,8 Promille-Grenze innerhalb der Probezeit immerhin 26 % von allen Alkoholverstößen aus. Diese innerhalb der Probezeit begangenen Verstöße waren dann bei den Fahrschülern von 1990/91 im Jahre 1998 wieder getilgt, wenn keine neuerlichen Verstöße innerhalb eines Zweijahreszeitraumes aufgetreten waren. Insofern lässt sich die Auffallensquote bei der vorliegenden Untersuchung erklären.

Interessant sind aber ohnehin in erster Linie eben die Täter mit den schweren Verstößen, weil hierbei von einer hohen Blutalkoholkonzentration (in der Regel mindestens 1,1 Promille) bei der Tat ausgegangen werden muss und somit auch ein eher problematischer Alkoholkonsum insgesamt anzunehmen ist (vgl. hierzu die Ausführungen im Abschnitt 4.4).

Im Folgenden werden nun die registrierten Fahranfänger nach Geschlecht getrennt beschrieben.

9.1 Trunkenheitsfahrten von Fahranfängerinnen

Wie bereits erwähnt, waren unter den insgesamt 65 wegen eines Trunkenheitsverstoßes registrierten Personen nur drei Frauen. Dieser Anteil von 4,6 % an allen Aufgefallenen liegt niedriger als zu erwarten war. SCHMIDT et al. (1990) beschreiben einen Anstieg des Frauenanteils an Trunkenheitstätern von 1,75 % in den 60er Jahren auf 7,5 % 1986/87. Auch ZEILER (1993) berichtet von einem Anstieg des Frauenanteils auf 7,87 % bis 1990, wobei er darauf hinweist, dass dabei die Altersgruppe der 35- bis 45-jährigen überrepräsentiert ist, eine Altersgruppe also, in die die Fahrschülerinnen von 1990/91 bis zum Jahr 1998 noch nicht vorgerückt waren.

HANSJOSTEN und SCHADE (1997) haben bei ihrer Untersuchung von Alkoholdelikten innerhalb der Probezeit insgesamt einen Frauenanteil von 8 % ermitteln können, wobei bei den Jüngeren – und dazu kann man auch den größten Teil der Fahrschüler dieser Untersuchung zählen – eher ein Männer-Frauen-Verhältnis von 95 zu 5 bestand. Diese Relation entspricht in etwa auch dem Ergebnis der vorliegenden Studie.

Wie erwähnt, fand sich bei den Fahranfängerinnen eine Auffallensquote von 0,3 %. Wegen der niedrigen Anzahl an Trunkenheitstäterinnen wird an dieser Stelle nur kurz deskriptiv auf die Stichprobe der aufgefallenen Frauen eingegangen. Weitergehende statistische Berechnungen erscheinen methodisch nicht vertretbar. Die auffällig gewordenen Frauen waren zum Zeitpunkt der Befragung in der Fahrschule 18, 20 und 25 Jahre alt, jeweils ledig und in Hessen, Baden-Württemberg bzw. Berlin ansässig. Alle drei Frauen hatten die Mittlere Reife erworben, eine ging noch zur Schule, zwei waren berufstätig. Einige der Ergebnisse aus der Fragebogenerhebung werden im Folgenden in Tabelle 35 zusammengefasst dargestellt:

Tabelle 35:
Beschreibung der aufgefallenen drei Frauen

	1	2	3
Alkoholverstoß	§ 316	§ 315c	§ 316
Unfall	nein	ja	ja
Fahrzeugart	Pkw	Pkw	Pkw
Wochensumme (Alk.)	15 TE	4 TE	12 TE
erste Wirkung nach (Alk.)	3,5 TE	3,5 TE	3 TE
Rekordmenge (Alk.)	keine Angabe	16 TE	18 TE
Raucherin (Zigaretten)	nein	6-10 tgl.	> 20 tgl.
Alter beim ersten Rausch	15	16	16

Wie bereits erwähnt, kann auf der Basis dieser drei registrierten Fahranfängerinnen keine Systematik, Typologie o. ä. entwickelt werden. Um ein Profil der Fahränfängerin mit Alkoholverstoß gewinnen zu können, benötigt man wegen der geringen Auffallensquote eine noch größere Gesamtstichprobe.

Im Folgenden kann daher im Rahmen der vorliegenden Studie detailliert nur auf die aufgefallenen männlichen Fahranfänger eingegangen werden.

9.2 Trunkenheitsfahrten von Fahranfängern

Zunächst soll nochmals angemerkt werden, dass in diesem Abschnitt ausschließlich die männlichen Untersuchungsteilnehmer betrachtet werden. Wenn hier also von Fahranfängern, Fahrschülern o. ä. die Rede ist, sind nunmehr ausschließlich Männer gemeint.

Wie bereits erläutert, sind 62 der 1.452 männlichen Fahrschüler der Befragung von 1990/91 im Jahre 1998 im Verkehrszentralregister wegen Trunkenheit geführt worden. Zehn Fahranfänger waren zusätzlich wegen eines zweiten Trunkenheitsdeliktes aufgefallen. Hierbei wurden im Einzelnen folgende Verstöße registriert:

Tabelle 36:
Art der Trunkenheitsfahrt (TF)

Art der Trunken-heitsfahrt	1. TF	2. TF
§ 24a StVG	5	0
§ 315c StGB	16	4
§ 316 StGB	41	6
Gesamt	62	10

In der Darstellung (Tabelle 36) wird deutlich, dass die Mehrzahl der registrierten Personen durch schwerwiegendere Verstöße gegen § 315c StGB oder § 316 StGB (in der Regel mit 1,1 Promille oder mehr) aufgefallen waren. Dies kann daran liegen, dass, wie schon erwähnt, v. a. die ausschließlichen Verstöße gegen §24a StVG bereits wieder getilgt worden waren. Insgesamt hatten nur drei Fahranfänger lediglich einen Eintrag in diesem Bereich, also eine Trunkenheitsfahrt zwischen 0,8 und 1,09 Promille, ohne zusätzliche schwerwiegendere Tat.

Zur Zeitspanne zwischen Erwerb der Fahrerlaubnis und des Trunkenheitsverstoßes lässt sich keine Aussage machen, da keine Daten vorlagen über die Erteilung der Fahrerlaubnis. Allein aus dem Fahrschulbesuch kann nicht genau auf den Zeitpunkt des Erwerbs der Fahrerlaubnis geschlossen werden. In der Tabelle 37 wird eine Übersicht über die 'Jahrgänge' der ersten Trunkenheitsfahrten gegeben.

Tabelle 37:
Jahr der ersten Trunkenheitsfahrt

	1991	1992	1993	1994	1995	1996	1997	1998
Anzahl	3	3	7	11	7	13	14	4

1998 sind insgesamt 72 Trunkenheitsverstöße (52 Einfach- und 10 Zweifachtäter, also insgesamt 62 Täter) der Fahrschüler im Verkehrszentralregister aktenkundig gewesen. Der zeitliche Abstand zwischen erstem und zweitem Trunkenheitsverstoß lag im Minimum bei einem halben Monat, im Maximum bei 56 Monaten. Die durchschnittliche Zeitspanne zwischen erster und zweiter Trunkenheitsfahrt lag bei den zehn registrierten Fällen bei 18,4 Monaten.

In einem Drittel der Trunkenheitsverstöße, also 24 Mal, kam es zu einem Unfall in Verbindung mit der Trunkenheitsfahrt. Diskutiert wird in diesem Zusammenhang häufig, ob ein Unfall bei einer Trunkenheitsfahrt Rückschlüsse auf die Alkoholgewöhnung zulässt, ob also ein Nicht-Verunfallter eine höhere Giftfestigkeit aufweist als ein verunfallter Trunkenheitstäter. Hierzu muss jedoch bemerkt werden, dass nicht ersichtlich ist, wie weit die Fahrstrecke gewesen ist, die bis zum Unfall zurückgelegt wurde und auch keine Schuldfrage erkennbar ist. Das Führen eines Kraftfahrzeuges ist eine zielgerichtete Handlung, die bei stark alkoholisierten Personen immer eine gewisse Alkoholgewöhnung voraussetzt, unabhängig davon, ob es zu einem Unfall kommt oder nicht.

9.2.1 Beschreibung der alkoholauffälligen Männer

In Anlehnung an die Beschreibung der Gesamtstichprobe wird folgend die Gruppe der Aufgefallenen dargestellt. Wichtig hierbei ist zu erwähnen, dass sich die Angaben jeweils auf den Zeitpunkt der Befragung in der Fahrschule beziehen. Daraus folgt, dass z. B. bei der regionalen Herkunft der Wohnort zum Zeitpunkt der Auffälligkeit nicht mehr der gleiche sein muss. Auch kann der (ehemalige) Fahrschüler inzwischen einen qualifizierteren Schul- oder Berufsabschluss erreicht haben.

In der Gesamtstichprobe waren die Männer bei der Befragung im Durchschnitt 18,5 Jahre alt. Betrachtet man nun nur die Fahrschüler, die später nicht wegen einer Trunkenheitsfahrt aufgefallen sind, ergibt sich ebenso ein Altersdurchschnitt von 18,5 Jahren, bei den Aufgefallenen ein Durchschnitt von 18,3 Jahren. Der Unterschied ist nicht signifikant.

Von den 62 registrierten Personen waren zum Zeitpunkt des Fahrschulbesuchs 60 ledig, eine verheiratet und eine geschieden.

In Bezug auf die regionale Herkunft zeigte sich folgende Verteilung:

Tabelle 38:
Regionale Herkunft (Bundesland)

Bundesland	Männer gesamt	Männer aufgef.
Schleswig-Holstein	74 5,1 %	1 1,6 %
Niedersachsen	172 11,8 %	7 11,3 %
Hamburg	31 2,1 %	1 1,6 %
Bremen	11 0,8 %	0
Nordrhein-Westfalen	300 20,7 %	14 22,6 %
Rheinland-Pfalz	51 3,5 %	1 1,6 %
Hessen	105 7,2 %	3 4,8 %
Saarland	33 2,3 %	3 4,8 %
Baden-Württemberg	197 13,6 %	8 12,9 %
Bayern	404 27,8 %	23 37,1 %
Berlin	73 5,0 %	1 1,6 %
Ausland	1 0,1 %	0
Gesamt	1.452	62

Wegen der teilweise geringen Zellenbesetzung wurde darauf verzichtet, für die einzelnen Bundesländer Auffallensquoten darzustellen.

Betrachtet man die Größe (Tabelle 39) des Wohnortes zum Zeitpunkt des Fahrschulbesuchs, so zeigen sich deutliche Unterschiede in Bezug auf den Anteil der auffällig gewordenen. Die größte Auffallensquote hat die Gruppe der Fahrschüler, die zum Zeitpunkt des Erwerbs der Fahrerlaubnis in Städten zwischen 5.000 und 10.000 Einwohnern lebte (bei der Interpretation sollte jedoch wiederum die Zellenbesetzung berücksichtigt werden).

Tabelle 39:
Herkunft (Ortsgröße)

Ortsgröße Einwohner	Männer gesamt	Männer aufgef.	Quote
<5.000	321 22,1 %	13 21,0 %	4,0 %
5.000-10.000	135 9,3 %	10 16,1 %	7,4 %
10.000-50.000	218 15,0 %	8 12,9 %	3,7 %
50.000-100.000	140 9,6 %	2 3,2 %	1,4 %
100.000-500.000	376 25,9 %	22 35,5 %	5,9 %
>500.000	238 16,4 %	7 11,3 %	2,9 %
keine Angabe	24 1,7 %	0	---
Gesamt	1.452	62	

KÜHNEN und PÖPPEL-DECKER (1995) beschreiben, dass das bevölkerungsbezogene Risiko einer Unfallbeteiligung junger Fahrer mit abnehmender Verdichtung einer Region steigt. Bezüglich des Anteils alkoholisierter Fahrer an derartigen (nächtlichen) Freizeitunfällen ließ sich jedoch kein eindeutiger Zusammenhang mit der Regionalstruktur feststellen, sondern eher regionale Besonderheiten unabhängig von der Bevölkerungsdichte.

In Bezug auf die oben dargestellte Verteilung wird deutlich, dass der größte Teil der Auffälligen in kleinen Orten mit maximal 10.000 Einwohnern ansässig war, andererseits aber eben auch eine große Gruppe der Trunkenheitstäter aus Großstädten mit 100.000 bis 500.000 Einwohnern stammte. Um eine eindeutige Aussage darüber treffen zu können, ob der Wohnort zum Zeitpunkt des Fahrschulbesuchs eine Rolle im Zusammenhang mit Trunkenheitsfahrten spielt, ist aber sicherlich eine größere Stichprobe notwendig und es sollte immer auch geklärt werden, inwieweit Wohnort und Tatort zusammen hängen bzw. übereinstimmen.

Grundsätzlich sind zwar alle Bildungsschichten vom Alkoholmissbrauch und Alkohol am Steuer betroffen, häufig aber sind Gruppen mit niedrigerem Bildungsniveau stärker belastet (SCHULZE, 1996). MARTHIENS und SCHULZE (1989) hatten bei ihrer Analyse von Disco-Unfällen einen Anteil an Hauptschülern von 69,8 % ermitteln können (Realschüler: 22,5 %; Gymnasiasten: 4,9 %). Auch bei der vorliegenden Stichprobe zeigte sich, dass die Auffallensquote mit steigendem Bildungs-(Schul-)niveau abnahm. Hierbei soll noch einmal darauf hingewiesen werden, dass bei den genannten Abschlüssen nur die Fahrschüler aufgeführt sind, die nicht mehr in einer rein schulischen Ausbildung gewesen sind und die Noch-Schüler gesondert ausgewertet werden. Aus der letztgenannten Gruppe rekrutierten sich vermutlich die meisten der späteren Abiturienten und sicherlich einige Realschüler. Es ist aber auch möglich, dass später noch einige Personen mit Hauptschulabschluss einen höherwertigen Abschluss erreicht haben (vgl. hierzu Kap. 8.1).

Tabelle 40:
Schulabschlüsse: Verteilung und Auffallensquote

Schulabschluss	Männer gesamt	Männer aufgef.	Auffallensquote
ohne Abschl./ Sonderschule	33 2,3 %	2 3,2 %	6,1 %
Volks-/Hauptschule	412 28,4 %	25 40,3 %	6,1 %
Mittl. Reife	352 24,2 %	14 22,6 %	4,0 %
FHS-Reife/Abitur	100 6,9 %	0	0
Noch-Schüler	548 37,7 %	19 30,6 %	3,5 %
keine Angabe	7 0,5 %	2 3,2 %	--
Gesamt	1.452	62	

Während Fahrschüler ohne Abschluss bzw. mit Sonderschulabschluss wie auch die Fahrschüler mit Hauptschulabschluss eine Quote von 6,1 % aufwiesen, waren von den Fahrschülern, die bereits zum Zeitpunkt des Fahrschulbesuchs die Mittlere Reife erworben hatten, nur 4,0 Prozent durch ein Trunkenheitsdelikt auffällig geworden. Von den 100 Fahrschülern, die schon während des Besuchs der Fahrschule die Allgemeine Hochschul- oder die Fachhochschulreife erworben hatten, war 1998 niemand registriert. Wie ausgeführt, ist von den Noch-Schülern ein großer Teil zu den späteren Abiturienten zu zählen, so dass sich die Auffallensquote dieser Bildungsgruppe um 3,0 % bewegen dürfte, also nur halb so groß war wie bei den Sonder- und Hauptschülern. Unter Verweis auf Abschnitt 8.3.2 ist zu erwähnen, dass vermutlich nicht der Schulabschluss als solcher, sondern damit verbundene Tatsachen wie früher Berufseintritt und entsprechendes soziales Umfeld sich auf die Trinkgewohnheiten und damit auch auf die Wahrscheinlichkeit von Alkoholverstößen negativ auswirken. Ebenso könnte die Selbstdarstellungsfähigkeit im Rahmen einer Kontrolle Einfluss auf die Entdeckungswahrscheinlichkeit des Grades der Alkoholisierung haben.

Bei den Angaben zur Berufsausübung waren unter den späteren Trunkenheitstätern als größte Gruppe 30 Auszubildende und, wie oben bereits dargestellt, 19 Schüler. Außerdem fanden sich neun Voll-Berufstätige, drei in Teilzeit Arbeitende und zwei Arbeitslose.

Zusammenfassend ist in Bezug auf die demographischen Variablen festzuhalten, dass keine konkreten Aussagen darüber getroffen werden können, welchen Einfluss die 'Regionalstruktur', also Bundesland und Wohnortgröße zum Zeitpunkt des Fahrschulbesuchs bei den Trunkenheitstätern hatten, sich aber Hinweise darauf ergaben, dass die Schulbildung bzw. damit verbundene Variablen einen Einfluss auf die Wahrscheinlichkeit einer entdeckten Trunkenheitsfahrt hatten.

9.2.2 Täterquoten in Korrelation mit dem Alkoholkonsum

Im Kapitel 4.4 wurde bereits erläutert, dass davon auszugehen ist, dass der grundsätzliche Umgang mit Alkohol als wesentlicher ursächlicher Faktor von Trunkenheitsfahrten zu extrahieren ist. Wer häufig bzw. viel Alkohol trinkt, sieht sich immer öfter auch mit dem Trink-Fahr-Konflikt konfrontiert. Wenige Trunkenheitstäter nehmen sich explizit vor, unter Alkoholeinfluss am Straßenverkehr teilzunehmen. Vielmehr wird die Trunkenheitsfahrt billigend in Kauf genommen, weil der Alkoholkonsum wichtiger ist als eine sichere Verkehrsteilnahme. Dies spricht für ein starkes Trinkmotiv bei den Trunkenheitstätern, welches bei den starken Trinkern eben auch deutlicher ausgeprägt ist.

In diesem Zusammenhang ist es daher aufschlussreich, zunächst die Gesamtgruppe der männlichen Fahrschüler nach ihren Trinkgewohnheiten differenziert zu betrachten. Teilt man diese Stichprobe bzgl. der Angaben zur konsumierten Alkoholmenge in der der Erhebung vorangegangenen Woche (Wochensumme) in etwa vier gleich große Gruppen, ergeben sich deutliche Unterschiede in den Auffallensquoten.

Tabelle 41:
Auffallensquoten bei den Männern (Gesamtstichprobe nach Wochensumme geviertelt)

| Quartile-Wochensumme | Aufgefallen | | Gesamt |
	Ja	Nein	
1: <= 3,75 TE	8 **2,3 %**	333 97,7 %	341 100,0 %
2: 4 – 9,5 TE	13 **3,5 %**	361 96,5 %	374 100,0 %
3: 9,75 – 22,5 TE	16 **4,3 %**	357 95,7 %	373 100,0 %
4: > 22,5 TE	25 **6,9 %**	339 93,1 %	364 100,0 %
Gesamt	62 4,3 %	1.390 95,7 %	1.452 100,0 %

Die Auffallensquoten der Quartile unterscheiden sich signifikant (Chi-Quadrat = 9,676; df 3; p < .05). Aus dem letzten Quartil mit der Höchstmenge konsumierter Trinkeinheiten in der Woche fielen dreimal so viele Fahranfänger (6,9 %) in den ersten 7 – 8 Jahren nach dem Fahrschulbesuch auf wie aus dem ersten Quartil (2,3 %), also von dem Viertel der Fahrschüler, die den geringsten Alkoholkonsum angegeben hatten.

Teilt man die Gesamtstichprobe der Männer nicht in Viertel bzgl. des Wochenkonsums, sondern stellt einen Extremgruppenvergleich zwischen den oberen und unteren 10 Prozent an, so ergibt sich bei den 10 %, die am wenigsten in der vergangenen Woche getrunken hatten, nur eine Auffallensquote von 1,4 %, bei den 10 % der Untersuchungsteilnehmer hingegen, die in der Fahrschule den höchsten Konsum hatten, eine Quote von 7,1 %. Aus der Gruppe der Vieltrinker wurden also fünfmal so viele Fahranfänger auffällig wie aus der Gruppe der Wenigtrinker.

Ausgehend von der Annahme, dass die Angaben bzgl. der konsumierten Alkoholmenge in der Woche vor der Befragung Rückschlüsse auf die generellen Trinkgewohnheiten zulas-

sen, wird hier ein klarer Zusammenhang zwischen Trinkgewohnheiten und der Wahrscheinlichkeit, durch Alkohol am Steuer auffällig zu werden, deutlich: Je höher die generellen Trinkmengen (auch unabhängig von einer Verkehrsteilnahme) waren, desto größer
ist die Wahrscheinlichkeit einer registrierten Trunkenheitsfahrt bereits zu Beginn einer
Kraftfahrerlaufbahn.

9.2.3 Parallelisierung einer Teilstichprobe mit der Gruppe der Alkoholauffälligen

Hauptziel der Untersuchung war es festzustellen, welchen Einfluss die bei der Fahrschülerbefragung erhobenen Variablen bzgl. Alkohol (Einstellungen zum Alkohol im Straßenverkehr, Trinkhäufigkeiten, -mengen und -karriere) auf die Auffallenswahrscheinlichkeit
bzgl. einer registrierten Trunkenheitsfahrt in den ersten sieben bis acht Jahren bei
Fahranfängern haben.

Um zu vermeiden, dass hinsichtlich dieser Variablen ein Fahranfänger z. B. aus einer
ländlichen Region in Bayern mit einem Hamburger, ein Mann mit einer Frau oder ein
Hauptschüler mit einem Abiturienten verglichen wird, um also die demographischen Ein-
flüsse auf die Auffallenswahrscheinlichkeit weitgehend zu kontrollieren, wurde zu den 62
durch Alkohol am Steuer aufgefallenen Männern aus der Gesamtstichprobe jeweils ein
nicht aufgefallener Parallelfall gezogen. Hierbei wurden als Parallelisierungskriterien
(FOLLMANN, 2000) zwischen Aufgefallenen und Nicht-Aufgefallenen folgende notwendige
Übereinstimmungen festgelegt:

- Geschlecht
- Lebensalter
- Bundesland
- Ortsgröße
- Schulabschluss (bzw. Noch-Schüler)

Für diese Kriterien konnte jeweils eine volle Übereinstimmung zwischen aufgefallenem
Fahranfänger und nicht aufgefallenem Vergleichsfall erreicht werden. Dabei existierte zu
jedem Aufgefallenen jeweils eine größere Anzahl von nicht-registrierten Parallelfällen, aus
der dann eine Vergleichsperson zufällig ausgewählt wurde (teilrandomisierte Parallelstich-
probe).

Alle im Folgenden dargestellten Berechnungen wurden aber auch zusätzlich im Vergleich der 62 registrierten Trunkenheitstäter mit den nicht aufgefallenen 1.390 Fahranfängern durchgeführt. Bei Abweichungen von den Ergebnissen des Parallelstichprobenvergleichs wird explizit darauf hingewiesen[1].

9.2.3.1 Einstellungen der Trunkenheitstäter

Im Abschnitt 8.2 wurde beschrieben, dass die Fahrschüler insgesamt eher strengeren Regeln (bei den zulässigen Promille-Grenzen) zustimmten. Zwischen den registrierten Trunkenheitstätern und den Nicht-Aufgefallenen ergaben sich hierbei keine signifikanten Unterschiede, wenngleich die Aufgefallenen tendenziell weniger Zustimmung zur 0,0-Promille-Grenze zeigten und mehr als die Nicht-Aufgefallenen die damals geltende 0,8-Promille-Grenze befürworteten. 53,5 % der Aufgefallenen gegenüber 43,5 % der Nicht-Registrierten hatten die Einführung der 0,0-Promille-Grenze in der Fahrschule eher abgelehnt und in ähnlichem Verhältnis (53,2 % gegenüber 43,6 %) eher der Beibehaltung der damals geltenden 0,8-Promille-Grenze zugestimmt.

Zum Zeitpunkt des Fahrschulbesuchs hatten nur acht (12,9 %) der 62 später auffällig gewordenen Fahrschüler Angst bekundet, den Führerschein wieder verlieren zu können. 36 (58,1 %) der Alkoholauffälligen hatten in dieser Richtung nur wenig Befürchtungen, der Rest der Stichprobe hatte weder viel noch wenig Angst. Bei dieser Frage gab es keine signifikanten Unterschiede zwischen den Registrierten und Nicht-Registrierten.

Wenngleich nur wenige Fahrschüler überhaupt Angst bekundet hatten, die Fahrerlaubnis in der Probezeit wieder zu verlieren, so konnten sich immerhin 11 (17,7%) der 62 späteren Trunkenheitstäter doch vorstellen, die Fahrerlaubnis wegen Alkohol entzogen zu bekommen. Hier allerdings waren dies mehr als bei den Fahrschülern, die später nicht durch eine Trunkenheitsfahrt aufgefallen sind. Von den Nicht-Aufgefallenen konnten sich nur 9,2 % vorstellen, die Fahrerlaubnis wegen eines Alkoholverstoßes entzogen zu bekommen, was in etwa auch der Quote der Gesamtstichprobe der Männer entspricht (9,6 %). Der Unterschied ist signifikant (Chi-Quadrat = 4,993; df 1; p < .05). Bei der Bewertung dieses Er

---

[1] Dies aber nur, wenn eine inhaltliche Relevanz besteht. In einigen Fällen werden Ergebnisse signifikant, was aber ausschließlich auf einen mathematischen Hintergrund zurückzuführen ist und mit der Unterschiedlichkeit der zu vergleichenden Stichprobengrößen zu tun hat (die 62 Aufgef. werden mit den 1.390 Nicht-Aufgefallenen verglichen).

gebnisses muss aber berücksichtigt werden, dass die Frage sich auf die Probezeit, also die ersten zwei Jahre nach Erwerb der Fahrerlaubnis bezog.

Bei der indirekten subjektiven Einschätzung der Kontrolldichte (*"Wenn man keinen Unfall hat, ist in unserer Gegend die Gefahr, dass man wegen Alkohol kontrolliert wird ..."*) zeigten sich keine signifikanten Unterschiede zwischen Aufgefallenen und Nicht-Aufgefallenen, der überwiegende Teil der Fahrschüler hatte die Kontrollgefahr als durchschnittlich bewertet.

Zusammenfassend bleibt festzuhalten, dass es bei den Einstellungen zu Promille-Grenzen und der Bewertung der Wahrscheinlichkeit einer Trunkenheitsfahrt keine Unterschiede zwischen registrierten und nicht-registrierten Fahranfängern gab. Signifikant mehr (spätere) Trunkenheitstäter konnten sich aber bereits in der Fahrschule vorstellen, die Fahrerlaubnis wegen eines Trunkenheitsverstoßes wieder zu verlieren, wahrscheinlich auch dadurch bedingt, dass ihre damaligen Trinkgewohnheiten sie erkennen ließen, dass eine adäquate Lösung des Trink-Fahr-Konfliktes nicht immer gelingen könnte. Dies weist aber auch darauf hin, dass eine planvolle Information zur Gefährdung, die Fahrerlaubnis wegen Alkohol am Steuer zu verlieren, solange der allgemeine Alkoholkonsum nicht reduziert wird, für starke Alkoholkonsumenten, zusätzlich notwendig ist, da der überwiegende Teil der später aufgefallenen Fahrschüler (82,3 %) diese Gefahr nicht erkannt hat.

9.2.3.2   Konsumhäufigkeiten der Trunkenheitstäter

Grundsätzlich wird davon ausgegangen, dass Konsumhäufigkeit und Konsummenge in engem Zusammenhang zueinander stehen (vgl. Abschnitt 8.3.2). Es erscheint auch plausibel, dass mit steigender Anzahl der Trinkanlässe auch die Trinkmengen zunehmen. Wie erläutert, traf dies in der Gesamtstichprobe aber nicht auf alle Fahrschüler zu. Ungefähr 20 % der regelmäßigen Alkoholkonsumenten waren nicht gleichzeitig als Vieltrinker einzustufen. Ausgehend von der Annahme, dass die Trunkenheitstäter einen insgesamt höheren Alkoholkonsum hatten als die Nicht-Aufgefallenen, war aber zu vermuten, dass sie sich auch in den Konsumhäufigkeiten unterscheiden (Überprüfung der Hypothese B. 2).

Bei den Angaben zur Trinkhäufigkeit von Bier, Wein und Spirituosen ergaben sich allerdings keine signifikanten Unterschiede zwischen den Registrierten und Nicht-Registrierten, lediglich in der Tendenz entsprachen die Ergebnisse den Erwartungen. Beim Bierkonsum beispielsweise erklärten 43,5 % der Aufgefallenen und 41,9 % der Vergleichsstichprobe, mehrmals wöchentlich bzw. fast täglich Bier zu trinken. 43,5 % gegenüber 40,3 % tranken zumindest mehrmals im Monat Bier und 8,1 % gegenüber 12,9 % gaben an, seltener als einmal im Monat Bier zu trinken.

Auch bei den Trunkenheitstätern war Bier das am häufigsten konsumierte alkoholische Getränk (wie auch schon für die Gesamtstichprobe festgestellt worden war). Beim Wein hatten 4,8 % der Trunkenheitstäter und 3,2 % der Nicht-Aufgefallenen, bei Spirituosen 9,6 % bzw. 3,2 % in der Fahrschule einen mehrmaligen wöchentlichen Konsum angegeben.

Bei einem Vergleich der registrierten Kraftfahrer mit dem Rest der Gesamtstichprobe der Männer ergaben sich keine signifikanten Unterschiede bei den Angaben zu den Konsumhäufigkeiten nach den Getränkearten unterteilt. Insofern ist festzuhalten:

Hypothese B.2 ist **falsifiziert**:
Die Personen, die durch Alkohol im Straßenverkehr auffällig geworden sind, hatten bei der Fahrschülerbefragung **keinen** signifikant häufigeren Alkoholkonsum angegeben als die nicht-auffälligen.

Betrachtet man nun die Angaben zu den Konsumhäufigkeiten bzgl. der Anlässe, Partner und Orte bei den Fahranfängern, so ist festzustellen, dass sich im Vergleich die Trunkenheitstäter nur in einer Kategorie von den nicht-registrierten Fahranfängern signifikant unterschieden. Dies betraf die Häufigkeit des Alkoholkonsums mit dem Lebenspartner/der Lebenspartnerin (Chi-Quadrat = 12,686; df 3; $p < .01$).

Fasst man die Angaben zum mehrmals wöchentlichen und (fast) täglichen Konsum zusammen (Tabelle 42), wird aber deutlich, dass (mit Ausnahme bei Feiern/Partys und zu Hause außerhalb der Mahlzeiten) die Trunkenheitstäter – wenngleich die Unterschiede mit der genannten Ausnahme nicht signifikant waren - die häufigeren Trinkanlässe angaben.

Tabelle 42:
Trinkanlässe/-orte und Trinkpartner bzgl. mehrmals wöchentlichem bzw. fast täglichem Konsum

Trinkanlass/-ort Trinkpartner	Aufgefallene	Parallelfälle
zuhause (zum Essen)	10 16,1 %	8 12,9 %
zuhause (außerhalb der Mahlzeiten)	10 16,1 %	11 17,7 %
am Arbeitsplatz	7 11,3 %	2 3,2 %
in der Schule	5 8,1 %	1 1,6 %
bei Freunden	20 32,3 %	11 17,7 %
in der Kneipe	21 33,9 %	16 25,8 %
in der Disco	17 27,4 %	15 24,2 %
Party, Feier u. ä.	15 24,2 %	18 29,0 %
mit Arbeitskollegen	10 16,1 %	4 6,5 %
mit Freunden	26 41,9 %	21 33,9 %
innerhalb der Familie	12 19,4 %	4 6,5 %
mit der Freundin dem Freund (Partner)	20 32,3 %	6 9,7 %
alleine	9 14,5 %	2 3,2 %

Bei diesen Ergebnissen fällt auf, dass bei beiden Gruppen am häufigsten im außerhäuslichen Setting (in der Kneipe, Disco, auf Partys) mit Freunden Alkohol konsumiert wurde. Bei den Trunkenheitstätern spielte aber auch der Konsum im Beisein der Partnerin/des Partners eine größere Rolle. Aber auch der Alkoholkonsum innerhalb der Familie war bei den Auffälligen weiter verbreitet, wie auch der Konsum allein ohne Trinkpartner. Es fällt ebenso auf, dass auch ein relativ größerer Anteil der Auffälligen mehrmals in der Woche am Arbeitsplatz/in der Schule mit den Arbeitskollegen Alkohol konsumiert hatte.

9.2.3.3 Konsummengen der Trunkenheitstäter

In den Einstellungen zur Teilnahme am Straßenverkehr unter Alkoholeinfluss (Bewertung der rechtlichen Normen) wie auch bei den Trinkhäufigkeiten gab es keine signifikanten Unterschiede zwischen Trunkenheitstätern und nicht-aufgefallenen Fahranfängern. Zur Überprüfung der Hypothesen B.3, B.4 und B.5 werden nun die Trinkmengenangaben betrachtet.

Berücksichtigt man die konkreten Mengenangaben bzgl. der konsumierten alkoholischen Getränke, zeigt sich beim Vergleich zwischen Trunkenheitstätern und nicht-aufgefallenen Parallelfällen ein signifikanter Unterschied bei den wöchentlichen Trinkmengen (Wochensumme), also bei allen alkoholhaltigen Getränken, die in der zurückliegenden Woche getrunken worden waren, zusammengefasst. Die Registrierten hatten durchschnittlich 22,2 TE konsumiert, die Nicht-Aufgefallenen 14,0 TE (t-Test für gepaarte Stichproben: t = 3,334; df 61; p < .01).

Die durchschnittliche Trinkmenge bei den Parallelfällen lag zwar unter der Trinkmenge der Gesamtstichprobe der männlichen Fahrschüler (16,9 TE), aber auch im Vergleich dieser Gesamtstichprobe mit den Aufgefallenen ergab sich eine signifikante Differenz hinsichtlich des Alkoholkonsums in der der Untersuchung vorangegangenen Woche.

> **Hypothese B.3 ist nicht falsifiziert:**
> **Die Personen, die durch Alkohol im Straßenverkehr auffällig geworden sind, hatten bei der Fahrschülerbefragung signifikant höhere Alkoholtrinkmengen in Bezug auf die der Erhebung vorangegangenen Woche angegeben als die nichtauffälligen.**

Das beliebteste alkoholische Getränk (bei allen) war auch hier erwartungsgemäß Bier, wie auch schon bei der Beschreibung der Gesamtstichprobe dargestellt wurde. Tabelle 43 gibt Aufschluss über die Verteilung der Wochensumme auf die einzelnen Alkoholsorten. Die Prozentangaben beschreiben den Anteil der Getränkeart an der konsumierten Wochensumme insgesamt.

Die Mittelwertsunterschiede waren beim Bierkonsum (t-Test für gepaarte Stichproben: t = 3,283; df 61; p < .01) und beim Spirituosenkonsum signifikant (t-Test für gepaarte Stichproben: t = 2,101; df 61; p < .01).

Tabelle 43:
Mittelwerte der Trinkmengen einer Woche (in Trinkeinheiten):

Trinkmengen	Aufgefallene	Parallelfälle
Bier	17,6 TE 79,3 %	10,5 TE 75,0 %
Wein	0,9 TE 4,1 %	1,1 TE 7,9 %
Spirituosen	2,4 TE 10,8 %	1,2 TE 8,6 %
Mixgetränke	1,3 TE 5,9 %	1,2 TE 8,6 %
Wochensumme gesamt	22,2 TE	14,0 TE

Bei der Betrachtung der Trinkmengenklassen (vgl. Abschnitt 8.3.2) zeigte sich eine Trennlinie zwischen den Klassen TM V und TM VI. Nahezu die Hälfte der Trunkenheitstäter war den höheren Trinkmengenklassen TM VI-VIII (48,4 %) zuzuordnen, während das nur 24,2 % der Parallelfälle betraf. In konkreten Mengen bedeutet dies, dass fast die Hälfte der Registrierten bereits in der Zeit des Fahrschulbesuchs durchschnittlich mehr als einen halben Liter Bier täglich tranken oder eine vergleichbare Menge anderer Alkoholika. 21 % der Aufgefallenen hatten sogar angegeben, mehr als umgerechnet einen Liter Bier täglich zu trinken, wobei dies nur 6,5 % der Nicht-Registrierten betraf. Die signifikanten Differenzen bei den Durchschnittsmengen bzgl. der Wochensumme sind also nicht durch wenige extreme ‚Ausreißer' bedingt.

Erwähnt werden soll aber auch, dass von den 39 Männern der Gesamtstichprobe, die der höchsten Trinkmengenklasse zuzuordnen waren, lediglich ein Fahranfänger 1998 wegen Trunkenheit registriert war. Eine mögliche Erklärung hierfür wäre, dass diese Personen derart alkoholtolerant i. S. einer Giftfestigkeit sind, dass sie z. B. bei Polizeikontrollen weniger auffallen (obwohl sie alkoholisiert sind) als andere, weil man ihnen die Alkoholisierung wegen der extremen Alkoholgewöhnung nicht mehr anmerkt (STEPHAN, 1988a).

Die aus medizinischer Sicht kritische Grenze bei Männern von mehr als 60g reinen Alkohols täglich überschritten bei den Trunkenheitstätern 8,1 %, von den Parallelfällen niemand.

An dieser Stelle muss noch einmal erwähnt werden, dass der Fragebogen keinen eindeutigen Hinweis darauf erhob, wie sich die angegebenen Trinkmengen über die Wochentage
verteilten. In einigen Fällen wurde das Gros des Alkohols vielleicht am Wochenende konsumiert. Die Ergebnisse zu den Trinkhäufigkeiten (im vorangegangenen Abschnitt) machen deutlich, dass der Alkoholkonsum an sich einen breiten Raum in der Lebensgestaltung zumindest der männlichen Fahranfänger eingenommen hat, wobei der grundsätzliche
Zusammenhang zwischen Konsumhäufigkeit und -menge nicht grundsätzlich widerlegt
wurde, auch wenn die Trunkenheitstäter zwar durchaus häufiger aber eben nicht signifikant häufiger Alkohol getrunken haben.

Die Einschätzung des eigenen Alkoholkonsumverhaltens im Vergleich mit den Trinkgewohnheiten der Gleichaltrigen erbrachte keine signifikanten Unterschiede zwischen den
aufgefallenen und nicht-aufgefallenen Fahranfängern. Interessant ist aber, dass auch von
den späteren Trunkenheitstätern in der Zeit des Fahrschulbesuchs nur 8,1 % meinten,
mehr als ihre Altersgenossen zu trinken. 50,0 % erklärten, genauso viel und 35,5 %
meinten sogar, weniger Alkohol als die Gleichaltrigen zu konsumieren.

Bei der Frage, ob die zurückliegende Woche eine normale Woche gewesen sei, was den
Alkoholkonsum betreffe, zeigte sich beim Vergleich der Aufgefallenen und der Parallelfälle
eine ähnliche Verteilung wie in der Gesamtstichprobe. Immerhin jeweils genau 35,5 %
beider Gruppen erklärten, sonst weniger zu trinken, was aber aus den im Abschnitt 8.3.2
genannten Gründen als Selbsttäuschung bzw. Falschangabe zurück gewiesen werden
muss.

Die Frage nach der Trinkmenge, die konsumiert werden muss, um eine erste Alkoholwirkung zu verspüren, ergab keinen signifikanten Unterschied zwischen Aufgefallenen und
Parallelfällen, wenngleich der Mittelwert der alkoholauffälligen Fahranfänger höher war als
der der Nicht-Aufgefallenen (5,7 TE gegenüber 4,6 TE). Dieses Item differenzierte aber
nicht statistisch signifikant zwischen Trunkenheitstätern und Parallelfällen in der erwarteten Weise.

> **Hypothese B.**4 ist **falsifiziert**:
>
> Die Personen, die durch Alkohol im Straßenverkehr auffällig geworden sind, hatten bei der Fahrschülerbefragung **keine** signifikant höheren Alkoholtrinkmengen bezüglich einer ersten Rauschwirkung angegeben als die nicht-auffälligen.

Es ergaben sich aber signifikante Unterschiede bei den Angaben zur maximalen Trinkmenge (Rekordmenge). Die Trunkenheitstäter wiesen hier einen Mittelwert von 33,5 TE, die Parallelfälle einen von 21,6 TE aus (t-Test für gepaarte Stichproben: t = 2,255; df 31; p < .05). Wie auch in der Gesamtstichprobe zu beobachten, galt auch für diese Teilstichproben, dass ein großer Teil der Fahrschüler zu dieser offenen Frage keine Angaben machte. Von den 62 Registrierten und deren Parallelfällen konnten nur 32 Paare für den genannten t-Test gebildet werden.

> **Hypothese B.5 ist nicht falsifiziert:**
>
> **Die Personen, die durch Alkohol im Straßenverkehr auffällig geworden sind, hatten bei der Fahrschülerbefragung signifikant höhere Alkoholtrinkmengen bezüglich der jemals getrunkenen Höchstmenge an Alkoholika angegeben als die nicht-auffälligen.**

Dass der Mittelwertunterschied nicht auf wenige Extremangaben zurückgeführt werden kann, zeigt die Verteilung über die Rekordmengenklassen. Während z. B. nur 36,7 % der Parallelfälle einmal mehr als 20 Trinkeinheiten zu einem Anlass konsumiert hatten, erklärten dies 71,2 % der auffällig gewordenen Fahranfänger. Andererseits hatten 20,9 % der Nicht-Registrierten höchstens einmal 10 Trinkeinheiten (also z. B. 2 l Bier) getrunken, in diese Kategorie fielen aber nur 4,0 % der Trunkenheitstäter.

Zusammenfassend kann zu den erfragten Trinkmengen festgehalten werden, dass die Angaben zum Konsum in der vorangegangenen Woche, also im Grunde der 'reine' Alkoholkonsum im Alltag aber auch die maximal zu einem Anlass konsumierte Alkoholmenge, am besten geeignet sind, um bereits während der Fahrausbildung zwischen späteren Trunkenheitstätern und den Nicht-Auffälligen zu differenzieren.

9.2.3.4 "Trinkkarriere" der Trunkenheitstäter

Zur Frage der Häufigkeit von Alkoholräuschen zeigten sich zwischen den Aufgefallenen und den Parallelfällen keine signifikanten Unterschiede. Zwar gaben 50 % der Trunkenheitstäter an, mehrmals in den letzten 12 Monaten betrunken gewesen zu sein, aber auch 45,2 % der Nicht-Registrierten erklärten dies. Auffällig ist hierbei andererseits, dass bei der Gesamtstichprobe der männlichen Fahrschüler nur 35,4 % eingeräumt hatten, mehrmals in den letzten 12 Monaten betrunken gewesen zu sein.

Tabelle 44:
Rauscherlebnisse: *"Waren Sie bereits einmal oder mehrmals betrunken?"*

Rauschanzahl	Aufgefallene	Parallelfälle
mehrmals in den letzten12 Monaten	31 50,0 %	28 45,2 %
mehrmals in meinem Leben	27 43,5 %	21 33,9 %
einmal	3 4,8 %	7 11,3 %
noch nie	1 1,5 %	6 9,7 %
Gesamt	62	62

Zum einen sind diese Ergebnisse als Hinweis darauf zu sehen, dass Rauschanlässe und allgemeines Trinkverhalten nicht in direktem linearen Zusammenhang stehen, denn in den Trinkmengen unterschieden sich die beiden Gruppen sehr wohl signifikant. Zum anderen kann auch der Begriff 'mehrmals' in den Antwortkategorien unterschiedlich ausgelegt worden sein, da keine genauen numerischen Angaben gemacht werden mussten (s. Fragebogen, Anhang I).

Bei der Betrachtung des Lebensalters beim ersten Rauscherlebnis (Überprüfung der Hypothese B.6) zeigte sich in der Gesamtstichprobe ein Zusammenhang zur Trinkmenge in der vorangegangenen Woche. Je jünger die Befragten beim ersten Rausch gewesen waren, desto höher waren ihre Trinkmengen in der Fahrschulzeit. Für die Trunkenheitstäter war deshalb anzunehmen, dass sie sich auch in Bezug auf das Alter beim ersten Rausch von den Parallelfällen unterschieden, dass sie bei diesem Anlass jünger als die Nicht-Registrierten gewesen sind.

Der Altersdurchschnitt beim ersten Rausch lag bei den Aufgefallenen bei 14,4 Jahren, bei den Parallelfällen bei 15,3 Jahren (15,1 Jahre in der Gesamtstichprobe der Männer). Der Unterschied war signifikant (t-Test für gepaarte Stichproben: t = -2,696; df 53; p < .01).

Hypothese B.6 ist nicht falsifiziert:
Die Personen, die durch Alkohol im Straßenverkehr auffällig geworden sind, waren zum Zeitpunkt ihres ersten Rausches signifikant jünger als die nichtauffälligen.

Dieser signifikante Unterschied ist auch nicht durch Ausreißer bei den Aufgefallenen bedingt. Betrachtet man die Verteilung über die Altersstufen hinweg, zeigte sich, dass die Parallelfälle in weiten Teilen zwischen 13 und 17 Jahren ihr erstes Rauscherlebnis hatten, die Gruppe der Trunkenheitstäter aber um ein Jahr nach verschoben in der Mehrzahl zwischen dem 12. und 16. Lebensjahr zum ersten Mal betrunken gewesen waren.

Ein Vergleich der Kenntnisse über die notwendigen Trinkmengen zur Erreichung einer vorgegebenen Blutalkoholkonzentration (vgl. hierzu Abschnitt 8.3.5) erbrachte keine signifikanten oder in der Tendenz bedeutsamen Unterschiede zwischen den Trunkenheitstätern und den Parallelfällen. Wie auch schon in der Gesamtstichprobe unterschätzten die meisten die tatsächlich notwendige Trinkmenge, die zum Erreichen von 0,5, 0,8 oder 1,1 Promille notwendig ist.

Zusammenfassend kann also festgehalten werden, dass die Rauschanzahl – zumindest in der vorliegenden ermittelten Form – keine Rückschlüsse, das Alter beim ersten Rausch hingegen Rückschlüsse auf die Trinkgewohnheiten und damit auch auf die Wahrscheinlichkeit von Trunkenheitsverstößen zuließ.

9.2.3.5   Trunkenheitsfahrten und Tabakkonsum

Wie im Abschnitt 8.3.5 beschrieben, besteht auch ein Zusammenhang zwischen Alkohol-
und Nikotinkonsum. Von den Trunkenheitstätern waren in der Fahrschulzeit 21 (33,9 %)
Nichtraucher und 41 (66,1 %) Raucher. Unter den nicht aufgefallenen Fahranfängern fanden sich 32 (51,6 %) Nichtraucher und 29 (46,8 %) Raucher, eine Person hatte zu dieser
Frage keine Angaben gemacht. Der Unterschied zwischen Registrierten und Nicht-
Registrierten fiel damit zwar in der erwarteten Richtung aus, war jedoch nicht statistisch
signifikant (Chi-Quadrat-Test).

Auch bei der differenzierteren Betrachtung der Raucher hinsichtlich ihrer Zigarettenkon-
summenge, waren die Unterschiede nicht signifikant, wenngleich in der Tendenz wiederum in der erwarteten Richtung. Von den 41 aufgefallenen Rauchern konsumierten 61%
mehr als 10 Zigaretten täglich, von den 29 nicht aufgefallenen Rauchern betraf dies nur
48,3 %.

Der Zigarettenkonsum allein ist offenbar nicht als Differenzierungskriterium zwischen po-
tentiellem Trunkenheitstäter und bewährtem Fahranfänger geeignet.

9.2.3.6   Trunkenheitsfahrten und Risikobereitschaft

Im Allgemeinen werden Jugendliche als risikobereiter beschrieben als Ältere, insbesondere als experimentierfreudiger, was oftmals in engem Zusammenhang steht (HURRELMANN,
1997). Das mit bestimmten Handlungen verbundene Risiko, die möglichen negativen Folgen werden oft vernachlässigt, was sich auch im Verkehrsverhalten niederschlägt. Gerade
in diesem Bereich werden die Grenzen ausgelotet. FOLLMANN (2000) hatte anhand einer
Stichprobe, aus der die Gesamtgruppe der vorliegenden Arbeit stammt, u. a. untersucht,
inwieweit bestimmte Risikofaktoren bei Fahranfängern die Auffallenswahrscheinlichkeit in
Bezug auf Verkehrsverstöße ohne Alkoholeinfluss erhöhen. Er kommt zu dem Ergebnis,
dass sich die auffälligen von den nicht-auffälligen Fahranfängern hinsichtlich der Risikobereitschaft unterscheiden.

Der bei der Fahrschülerbefragung 1990/91 verwendete Fragebogen enthielt Aussagen zur
Erfassung der Risikobereitschaft (basierend auf Frage 11 des Fragebogens, siehe Anhang
I). FOLLMANN konnte nach einer Faktorenanalyse zwei Risikofaktoren ermitteln, die er mit

'Risikobereitschaft-Freizeit' und 'Risikobereitschaft-Verkehr' bezeichnete. Da die Ausgangsstichprobe der vorliegenden Studie aufgrund der weiter oben genannten Ausschlusskriterien nicht völlig deckungsgleich mit der genannten Population FOLLMANNS ist, wurde auch für diese Stichprobe erneut eine Faktorenanalyse des Fragebogenausschnitts durchgeführt, die die früher ermittelten Risikofaktoren bestätigte (Überprüfung der Hypothese B.7).

Es ergaben sich also zwei Faktoren, die folgend mittels der zugehörenden jeweils fünf Items dargestellt werden (Hauptkomponentenanalyse; Varimax-Rotation/Kaiser-Normalisierung):

Risikobereitschaft-Freizeit

1. In meiner Freizeit sehe ich mir gerne 'Action-Filme' an. (Ladung: .70)
2. In meiner Freizeit sehe ich mir gerne Auto- oder Motorradrennen an. (Ladung: .66)
3. Es macht mir Spaß, ein Auto sportlich zu fahren. (Ladung: .62)
4. Ich kann mir sehr gut vorstellen, auch ohne Ziel, nur so zum Spaß mit dem Auto oder Motorrad durch die Gegend zu fahren. (Ladung: .49)
5. Es macht mir sehr viel Spaß, Achterbahn zu fahren. (Ladung: .44)

Risikobereitschaft-Verkehr

1. Man kann ruhig etwas riskieren, die Polizei kann sowieso nicht überall sein. (Ladung: .62)
2. Beim Autofahren gehört ein gewisser Nervenkitzel einfach dazu. (Ladung: .60)
3. Geschwindigkeitsbegrenzungen sind nur für besonders unsichere Autofahrer nötig. (Ladung: .57)
4. Für einen flüssigen Verkehrsablauf sind die meisten Verkehrszeichen mehr hinderlich als nützlich. (Ladung: .52)
5. Ein guter Autofahrer fährt spontan, je nach Verkehrssituation und übertritt notfalls eine Verkehrsregel. (Ladung: .42)

Bei einem Vergleich der Trunkenheitstäter mit den nicht registrierten Parallelfällen zeigten sich keine Unterschiede bzgl. der o. g. Risikofaktoren (t-test für gepaarte Stichproben). Auch auf Item-Ebene ergaben sich keine signifikanten Unterschiede zwischen Aufgefallenen und Parallelfällen. Ein Vergleich auch mit der Gesamtstichprobe (Männer) zeigt nur einen marginalen, gleichfalls nicht signifikanten Unterschied.

> Hypothese B.7 ist **falsifiziert**:
>
> Die Personen, die durch Alkohol im Straßenverkehr auffällig geworden sind, sind aufgrund der Angaben bei der Fahrschülerbefragung **nicht** als risikobereiter einzustufen als die nicht-auffälligen.

Es ist also festzustellen, dass offenbar die Risikobereitschaft bei Fahranfängern nicht als diskriminierendes Merkmal in Bezug auf die Wahrscheinlichkeit einer (registrierten) Trunkenheitsfahrt nach ca. acht Jahren zu sehen ist. Dies gilt aber wie erwähnt nur für die Alkoholverstöße. Im Gegensatz hierzu hatte FOLLMANN (2000) für sogenannte Punkteverstöße ohne Alkoholeinfluss einen Zusammenhang mit der Risikobereitschaft feststellen können.

9.2.3.7 Trunkenheitsfahrten und Verkehrsverstöße ohne Alkoholeinfluss

FOLLMANN (2000) hatte bei seiner Analyse von Verkehrsverstößen ohne Alkoholeinfluss keine Unterschiede zwischen den aufgefallenen und den nicht registrierten Fahranfängern in Bezug auf Einstellungen zum Alkohol (im Straßenverkehr) oder den tatsächlich praktizierten Trinkgewohnheiten festgestellt.

HANSJOSTEN und SCHADE (1997) hatten bei einer anderen Ausgangsbasis bei Fahranfängern auch eine erhöhte Wahrscheinlichkeit von Verstößen ohne Alkoholeinfluss ermitteln können, wenn eine Trunkenheitsfahrt in der Probezeit als Referenztat gegeben war.

Vergleicht man die auffällig gewordenen Trunkenheitstäter der vorliegenden Studie mit den Nicht-Registrierten bzgl. der Einträge von Verstößen ohne Alkoholeinfluss im Verkehrszentralregister, so ergaben sich keine signifikanten Unterschiede zwischen den Aufgefallenen und den Parallelfällen. In der Tendenz zeigten sich aber Unterschiede beim 'Unerlaubten Entfernen vom Unfallort' und beim 'Fahren ohne Fahrerlaubnis/trotz Fahrverbots'.

12,9 % (8) der Alkoholtäter waren auch wegen unerlaubten Entfernens vom Unfallort auffällig geworden, gegenüber 4,8 % der Parallelfälle. Hierbei waren dies jedoch in fünf der acht Fälle Tatmehrheiten im Zusammenhang mit der Trunkenheitsfahrt. Ebenso sind 12,9

% der Trunkenheitstäter auch wegen Fahrens ohne Fahrerlaubnis aktenkundig aufgefallen (gegenüber 1,6 % der Parallelfälle). Bei anderen Verkehrsverstößen ohne Alkoholeinfluss ergaben sich keine auffälligen Unterschiede zwischen Trunkenheitstäter und Parallelfall, so dass für diese Stichprobe ein Zusammenhang nicht angenommen werden kann. Die tendenziellen Abweichungen beim unerlaubten Entfernen vom Unfallort stehen in direktem Zusammenhang mit der Trunkenheitsfahrt, weil die Mehrzahl in Tatmehrheit mit dem Alkoholverstoß aufgefallen war. Auch beim Fahren ohne Fahrerlaubnis liegt insofern ein Zusammenhang mit der Trunkenheitsfahrt vor, als für die Alkoholverstöße in der Regel längere Fahrerlaubnissperren verhängt werden und somit die Entdeckung eines solchen Deliktes über einen längeren Zeitraum wahrscheinlicher wird.

Signifikante Zusammenhänge zwischen Trunkenheitsfahrten und Auffälligkeiten ohne Alkoholeinfluss, insbesondere zu den für Fahranfänger typischen Geschwindigkeits- und Vorfahrtverstößen, fanden sich nicht.

10   Zusammenfassung, Diskussion und Schlussfolgerungen

Ziel der Untersuchung war es zu prüfen, ob es bei Fahranfängern möglich ist, bereits frühzeitig während der Fahrschulausbildung Faktoren zu ermitteln, die Rückschlüsse auf das Risiko einer späteren Trunkenheitsfahrt zulassen. Langfristig könnte so ein Konzept entwickelt werden, mit dessen Hilfe im Bereich von Präventionsmaßnahmen gezielt auf Risikofaktoren hingewiesen werden kann und differenzierter auf die davon Betroffenen eingegangen werden kann.

Ausgangspunkt der Studie war eine Befragung von Fahrschülern in den Jahren 1990/91 mittels Fragebogen, bei der eine Vielzahl von Informationen zu den Lebensbedingungen, zu den Einstellungen und auch zum praktizierten Alkoholkonsum gewonnen werden konnte (der vollständige Fragebogen findet sich im Anhang I). 6.632 Personen hatten an der Fahrschülerbefragung insgesamt teilgenommen.

1998 wurden dann die Teilnehmer der Fahrschülerbefragung auf Einträge im Verkehrszentralregister des Kraftfahrt-Bundesamtes hin überprüft. Da für diese Abfrage bestimmte Personendaten notwendig waren, die nicht immer vorlagen, reduzierte sich die Stichprobe. Eine weitere Reduktion erfolgte schließlich aufgrund fehlender Angaben z. B. zum Trinkverhalten. Insgesamt gingen in diese Untersuchung schließlich die Daten von 2.595 Personen ein, von denen 65 im Jahre 1998 wegen eines Alkoholverstoßes registriert waren.

Es soll auch noch einmal erwähnt werden, dass diese Stichprobe nicht repräsentativ über die (alten) Bundesländer verteilt gewesen ist. Hinzu kommt, dass einige Einträge im Verkehrszentralregister 1998 vermutlich wieder gelöscht gewesen sind, die Zahl der noch registrierten Verstöße also die objektive Anzahl der ermittelten Verstöße unterschätzte. Aus Gründen des Datenschutzes war es auch nicht möglich, den Wohnort zum Zeitpunkt der Auffälligkeit und/oder den Ort der Auffälligkeit selbst zu erfassen und die gegebene Fahrpraxis der Betroffenen zu ermitteln. Ebenso fehlten Angaben zu den Bedingungen, unter denen es zum Alkoholverstoß gekommen war, wie z. B. Tageszeit (Discofahrt), örtliche Gegebenheiten oder Hinweise, bei welcher Art Kontrolle der Verstoß entdeckt worden war.

Vorteilhaft ist aber, dass für diese Langzeituntersuchung die Einträge des Verkehrszentralregisters direkt verwendet werden konnten und nicht z. B. aus Unfallzahlen oder anderen Statistiken z. B. der polizeilichen Überwachung auf das Verkehrsverhalten geschlossen werden musste.

In diesem Abschnitt sollen zunächst noch einmal die wichtigsten Ergebnisse der Fahrschülerbefragung dargestellt werden. Es wird dann auf den Zusammenhang zwischen diesen Variablen mit der Registrierung als Trunkenheitstäter eingegangen. Die Ergebnisse werden vor dem Hintergrund anderer wissenschaftlicher Untersuchungen diskutiert und es wird versucht aufzuzeigen, in welcher Weise hieraus Konzepte entwickelt werden können, die langfristig zur wirksamen Prävention im Bereich der Trunkenheitsverstöße beitragen könnten.

10.1 Zusammenfassung und Diskussion der Ergebnisse der Fragebogenerhebung

Zu den erhobenen demographischen Variablen ist festzuhalten, dass der Anteil der Frauen an der Gesamtstichprobe (2.595 Personen) mit 44 % etwas geringer ausfiel, als zu erwarten gewesen wäre. Gemäß dem Anteil an der Bevölkerung sind heute auch von den Fahrschülern etwas mehr als die Hälfte weiblich (HEILER & JAGOW, 1992). Das Durchschnittsalter der Befragungsteilnehmer lag bei knapp 19 Jahren, hierbei ist anzumerken, dass über 25-jährige bereits im Vorfeld ausgeschlossen worden waren, da sie in der Regel nicht mehr der klassischen Gruppe der Fahranfänger zuzuordnen sind. Die Masse der Fahrschüler (nahezu 90 %) strebte den Erwerb der Fahrerlaubnis Klasse 3 (heute Klasse B) an.

Da aufgrund fehlender Mittel keine Erhebungsmöglichkeiten in den neuen Bundesländern bestanden, konnte die Erhebung nur auf dem 'alten' Bundesgebiet durchgeführt werden. Einschränkungen bzgl. der Repräsentativität mussten hingenommen werden, was die regionale Verteilung der Stichprobe über die (alten) Bundesländer betraf, da im Wesentlichen diese Verteilung von der Mitarbeit und dem Rücklauf teilnehmender Fahrschulen abhängig war.

Erwartungsgemäß war ein größerer Teil (36,6 %) der Untersuchungsteilnehmer noch Schüler. Aus dieser Gruppe hat sich vermutlich der Großteil späterer Abiturienten rekrutiert. Von den Fahrschülern, die die schulische Laufbahn bereits beendet hatten, waren die größten Gruppen die Fahrschüler mit Hauptschulabschluss (39,3 %) oder mit Mittlerer Reife (43,5 %). 8,9 % der Befragten hatten bereits das Abitur erworben. Welcher 'endgültige' Abschluss – insbesondere bei den Noch-Schülern – erreicht worden ist, konnte nicht geklärt werden, da zu einem späteren Zeitpunkt keine derartigen persönlichen Daten mehr erfasst werden konnten.

Bei den Fragen zu den Einstellungen bzgl. Alkohol im Straßenverkehr zeigte sich, dass viele Fahrschüler strenge Regeln eher befürworteten. 48,1 % der Teilnehmer traten sogar für die Einführung einer 0,0-Promille-Grenze ein, 37,8 % lehnten diese eher ab. Wenn ein völliger Alkoholverzicht bei der Verkehrsteilnahme mit einer Gegenleistung in Form von Senkung der Versicherungsprämien aufgewogen würde, gaben sogar 74,5 % an, sich zur Einhaltung der 0,0-Promille-Grenze zu verpflichten. Insgesamt stimmten die Fahrschülerinnen den strengeren Regeln noch mehr zu als die männlichen Befragungsteilnehmer.

Die Einführung der Fahrerlaubnis auf Probe fanden 72,9 % der Fahrschüler eher richtig oder völlig richtig. 13,5 % befürchteten, die Fahrerlaubnis innerhalb der Probezeit wieder verlieren zu können, wobei 6,7 % sich vorstellen konnten, die Fahrerlaubnis wegen eines Trunkenheitsverstoßes entzogen zu bekommen. Zumindest in der Häufigkeit entspricht dies annähernd dem Ergebnis einer Untersuchung von HANSJOSTEN und SCHADE (1997), die bei den Fahranfängern eine Auffallensquote von 14 % innerhalb der Probezeit ermitteln konnten, wobei aber nicht jede Auffälligkeit gleich zum Entzug der Fahrerlaubnis führt.

Ein wesentlicher Teil der Erhebung befasste sich mit den konkreten Trinkgewohnheiten der Fahranfänger. Hierbei wurde zwischen Konsumhäufigkeit und Konsummenge unterschieden. In vielen anderen Studien (vgl. GREISER, 1987; NORDLOHNE, 1992; DEGONDA, 1995) wurde das Alkoholtrinkverhalten oft ausschließlich aufgrund der Konsumhäufigkeit oder der Rauschhäufigkeit ermittelt. Auch wenn in anderen Untersuchungen (z. B. SCHULZE, 1996) der Zusammenhang zwischen Trinkhäufigkeit und Trinkmenge bereits bestätigt werden konnte, so ermöglicht es die vorliegende Untersuchung, diesen Zusammenhang noch weiter zu spezifizieren.

Wie aufgrund bisheriger Studien und der Verbrauchsstatistiken zu erwarten gewesen ist, war Bier das am häufigsten und auch am meisten (s.w.u.) konsumierte alkoholische Getränk bei den Männern wie auch bei den Frauen. Die männlichen Fahrschüler tranken jedoch insgesamt häufiger Alkohol als die Fahrschülerinnen. 38,7 % der Männer gegenüber 13,6 % der Frauen waren als regelmäßige Alkoholkonsumenten, d. h. mit mehrmals wöchentlichem oder täglichem Konsum, einzustufen. Lediglich beim Wein, der allerdings insgesamt nur einen geringen Stellenwert einnahm, hatten mehr Frauen als Männer (5,4 gegenüber 5,1 %) einen regelmäßigen Konsum angegeben.

Die Fahrschüler konsumierten den Alkohol in erster Linie mit Freunden oder mit der Lebenspartnerin bzw. dem Lebenspartner, hierbei in der Regel im Zusammenhang mit außerhäuslichen Aktivitäten (in der Kneipe, Disco, bei Feiern).

Gerade wenn der Konsum von alkoholischen Getränken einen breiten Raum in bestimmten gesellschaftlichen Settings einnimmt, reicht die Ermittlung von Konsumhäufigkeiten nicht mehr aus, um zwischen den starken und den weniger starken Trinkern zu differenzieren. Wie eingangs erläutert, ist gerade unter der männlichen Jugendlichen (Fahranfängern) Alkoholkonsum üblich. Für Untersuchungen, die sich mit den Trinkgewohnheiten befassen, erscheint es daher für die Identifizierung von Problemtrinkern bzw. für die Klassifizierung von Trinktypen geeigneter, die tatsächlichen Trinkmengen zu erfassen. Die oft ausschließlich verwendeten Konsumhäufigkeiten bieten zwar Aufschluss über die Trinkmuster, erscheinen aber allein nicht hinreichend, um die Problemtrinker zu identifizieren.

Um die Ausführungen zu den Trinkmengen der Fahrschüler bei der vorliegenden Untersuchung bzgl. verschiedener Alkoholsorten miteinander vergleichen zu können, wurden die

Angaben in sogenannte Trinkeinheiten (TE) umgerechnet. Eine TE entspricht hierbei 0,2 l Bier, 0,1 l Wein 0,02 l Spirituosen oder 0,2 l alkoholischer Mixgetränke.

Die männlichen Fahrschüler tranken in der der Untersuchung vorangegangen Woche nach eigenen Angaben durchschnittlich ungefähr 17 TE, die weiblichen 6,5 TE. Der Alkoholkonsum bestand bei den Männern in erster Linie aus Bierkonsum (12,4 TE/Woche), bei den Fahrschülerinnen dominierten Bier- (3,2 TE/Woche) und Weinverzehr (2,2 TE/Woche). Mehr als 30 % der Männer hatten über 17,5 TE in der Woche konsumiert, was z. B. mehr als einem halben Liter Bier täglich entspricht. Betrachtet man das Alkoholtrinkverhalten, welches in der Regel gesundheitliche Gefahren mit sich bringt, so überschritten die aus medizinischer Sicht kritische Grenze für Frauen von 40 g reinem Alkohol pro Tag immerhin 1,4 % der Fahrschülerinnen und die bedenkliche Grenze von 60 g bei Männern 5,9 % der männlichen Befragten.

Im Vergleich zwischen Häufigkeit und Trinkmenge zeigte sich auch in der vorliegenden Erhebung ein Zusammenhang, die Vieltrinker hatten zwar mehrheitlich auch angegeben, häufig Alkohol zu trinken, allerdings waren die regelmäßigen Alkoholkonsumenten nicht automatisch sämtlich Vieltrinker. Deutlich wird dies, wenn man sich vor Augen führt, dass ein Fahrschüler, der täglich, z. B. zum Feierabend mit den Kollegen oder zum Essen, ein Bier trank, als regelmäßiger Alkoholkonsument eingestuft wurde. Der Fahrschüler hingegen, der sich am Wochenende regelmäßig betrinkt, in der Woche aber weitgehend auf den Alkohol verzichtet, wurde als gelegentlicher Konsument geführt. Nun ist die letztgenannte Konstellation zwar nicht die Regel, aber sicherlich auch nicht die absolute Ausnahme. Betrachtet man die Jellinekschen Alkoholismustypen (vgl. Abschnitt 5.3) so können Alpha- und Epsilon-Trinker in diese Kategorie fallen und auch der für jugendliche Alkoholiker typische primäre Rauschtrinker könnte ein solches letztgenanntes Trinkschema aufweisen.

Bei der Betrachtung des Alkoholkonsums in Abhängigkeit von der Schulbildung ergaben sich Hinweise darauf, dass mit steigendem Bildungsniveau (Hauptschulabschluss – Mittlere Reife – Abitur) die durchschnittliche Trinkmenge absank. Eine eindeutige Bewertung dieser Tendenz konnte nicht erfolgen, da sich viele der befragten Fahrschüler noch in einer schulischen Ausbildung befanden, die hierbei nicht berücksichtigt werden konnte, weil der später tatsächlich erreichte Schulabschluss nicht ermittelt wurde. Hinzu kommt, dass das soziale Setting der Berufstätigen ein anderes ist als das der Schüler und der direkte

Einfluss dieses Umfeldes, z. B. am Arbeitsplatz, entscheidender für das Trinkverhalten ist als der eigentliche Schulabschluss.

Nach einem Vergleich des angegeben eigenen Alkoholkonsums mit Gleichaltrigen befragt, fiel auf, dass 62,6 % der Fahrschüler meinten, weniger Alkohol als Gleichaltrige zu trinken, wohingegen nur 4,4 % annahmen, mehr zu konsumieren. Selbst von den (männlichen) Befragten, die den höchsten Alkoholkonsum angegeben hatten, räumten nur 28,6 % ein, mehr als ihre Altersgenossen zu trinken. Diese Einschätzungen sind zum einen dadurch zu erklären, dass sich die starken Trinker in Peergroups bewegt haben dürften, in der die Mitglieder ebenfalls viel Alkohol trinken und der hohe Alkoholkonsum zumindest toleriert wird. Zum anderen dürfte die verharmlosende Einschätzung dazu beitragen, den eigenen Alkoholkonsum zu relativieren, um sich nicht damit auseinander setzen zu müssen. Auf Letzteres, auf die Tendenz zur Reduktion kognitiver Dissonanzen, wies auch das Antwortschema auf die Frage, ob es sich bei der der Erhebung vorangegangenen Woche um eine normale Woche hinsichtlich des Alkoholkonsums gehandelt habe, hin. Zwar erklärten 56,4 % der Fahrschüler, dass dies eine normale Woche gewesen sei, 37,9 % führten aber an, sonst weniger zu trinken, wobei hingegen nur 4,7 % erklärten, sonst mehr Alkohol zu konsumieren. Dieses Antwortverhalten deutet darauf hin, dass eine große Gruppe der Fahrschüler, nachdem sie sich ihre Trinkmengen vor Augen geführt hatten, vermutlich zunächst nach Erklärungen suchten, warum denn ihr Konsum gerade in der vorangegangenen Woche so hoch gewesen war und dann meinten, sonst weniger Alkohol zu trinken, da sie sich einen allgemein hohen Konsum nicht eingestehen wollten. Signifikante Geschlechtsunterschiede gab es hierbei nicht.

Mit zwei weiteren Items wurden die Fahrschüler zu den konkreten Trinkmengen befragt. Die Fragen nach der Trinkmenge, die zum Erleben einer ersten Alkoholwirkung notwendig sei sowie zu der jemals zu einem Anlass getrunkenen Höchstmenge sollten Aufschluss über die Alkoholgewöhnung geben. Es wurde angenommen, dass die männlichen Fahrschüler häufiger und mehr Alkohol trinken, was zu einer Erhöhung der Alkoholtoleranz führt (FEUERLEIN, 1989). Wegen dieser höheren Toleranz sind dann größere Trinkmengen notwendig, um eine Alkoholwirkung subjektiv zu erleben und es steigt die überhaupt konsumierbare Alkoholmenge, da der Betreffende immer mehr 'verträgt'.

Die Auswertung der Angaben der Fahrschüler zeigte – wie erwartet – signifikante Unterschiede bei den Mengenangaben zwischen den Geschlechtern. Die durchschnittliche

Trinkmenge bzgl. einer ersten Rauschwirkung betrug bei den Männern 4,8 TE, bei den Fahrschülerinnen 2,9 TE, die Rekordmenge lag im Durchschnitt bei den männlichen Untersuchungsteilnehmern bei 25,7 TE, bei den weiblichen bei 13,6 TE. Es zeigten sich auch korrelative Zusammenhänge zwischen der Konsummenge in Bezug auf die der Untersuchung vorangegangene Woche und der Rekordmenge bzw. der Trinkmenge zur Erreichung einer ersten Alkoholwirkung.

Wie oben erwähnt, wurde bei einigen Untersuchungen die Zahl der Alkoholräusche in einem vorgegeben Zeitrahmen (z. B. im vergangenen Jahr) als Indikator für die Trinkgewohnheiten gewertet (z. B. DEGONDA, 1995). In der Fahrschülerbefragung wurden die Teilnehmer ebenfalls gebeten, zu den Rauschanlässen Angaben zu machen. Hierbei waren Antwortkategorien vorgegeben (mehrmals in den letzten 12 Monaten, mehrmals im Leben, einmal, noch nie). Es ist nicht zu klären, was die Fahrschüler z. B. unter dem Begriff 'mehrmals' verstanden haben, ob die Grundlage für die Wahl einer solchen Antwort z. B. fünf oder eher 10 Rauschanlässe gewesen ist. Außerdem ist es – und das gilt für alle Erhebungen solcher Art – sicherlich auch individuell unterschiedlich, was eine Person als Rausch bezeichnet, hier könnte unter diesem Begriff eine Schwankungsbreite zwischen merklichem Schwips und Betrinken bis zur Besinnungslosigkeit gegeben sein. Dennoch zeigte das Antwortverhalten bei der Fahrschülerbefragung in die zu erwartende Richtung. Während 35,4 % der Männer erklärten, mehrmals in den letzten 12 Monaten betrunken gewesen zu sein, gaben dies nur 12,9 % der Fahrschülerinnen an. Der Unterschied zwischen den Geschlechtern war signifikant. Die Auswertung der Fahrschülerbefragung ergab auch, dass die Angaben zur Rauschhäufigkeit Rückschlüsse auf die generellen Konsummengen zulassen, wenngleich sie diese wohl nicht ersetzen können. Bei beiden Geschlechtern waren die Durchschnittstrinkmengen für die vorangegangene Woche deutlich am höchsten bei den Fahrschülern, die eingeräumt hatten, mehrmals in den letzten 12 Monaten betrunken gewesen zu sein.

GREISER (1987) hatte bei ihrer Auswertung von Untersuchungen der späten 70er und frühen 80er Jahre bereits festgestellt, dass ein junges Alter beim ersten Rausch als Kennzeichen für den regelmäßigen Alkoholkonsumenten mit bereits problematischem Trinkverhalten im späteren Jugendalter gewertet werden kann. Auch bei den Fahrschülern der vorliegenden Untersuchung war der Durchschnittskonsum am höchsten bei den Befragten, die das niedrigste Alter beim ersten Rauscherlebnis hatten. Je älter die Fahrschüler beim ersten Rausch gewesen waren, desto geringer waren ihre Trinkmengenangaben bzgl. der

der Erhebung vorangegangenen Woche. Es fanden sich also auch bei dieser Untersuchung deutliche Hinweise darauf, dass ein bereits problematisches Trinkverhalten im späten Jugendalter/frühen Erwachsenenalter umso wahrscheinlicher wird, je früher der exzessive Alkoholkonsum (in Form des ersten Rausches) eingesetzt hat.

Da eine Teilnahme am Straßenverkehr unter 0,5 Promille (bis 1998 unter 0,8 Promille) in der Regel zulässig ist, war es interessant zu erfahren, inwieweit die Fahrschüler Kenntnisse über die genauen Zusammenhänge zwischen Trinkmengen und Blutalkoholkonzentrationen hatten. Aufklärungskampagnen in Bezug auf Alkohol und Verkehrsteilnahme suggerieren häufig, dass bereits eine verhältnismäßig geringe Alkoholmenge ausreiche, um die gesetzlichen Promille-Grenzen zu überschreiten. Objektiv betrachtet ist dies jedoch nicht der Fall, denn um z. B. 0,5 Promille zu erreichen, muss ein Mann mit mittlerem Gewicht (75 bis 80 kg) mindestens sechs Trinkeinheiten, also z. B. mindestens 1,2 l Bier, konsumieren. Dauert dieser Konsum über mehrere Stunden an, kann als Faustregel pro vergangener Stunde noch eine weitere Trinkeinheit zusätzlich konsumiert werden, da der Körper den Alkohol auch zwischenzeitlich abbaut. Nun erscheint es zunächst positiv, wenn Präventionsmaßnahmen dazu führen, dass die Thematik in weiten Teilen der Bevölkerung angenommen und eine große Masse hierfür sensibilisiert wird. Für Trunkenheitsverstöße bringen aber solche Fehlinformationen auch Nachteile mit sich. STEPHAN (1988a) führt in diesem Zusammenhang an, dass die außerhalb der Fachdiskussionen weit verbreitete Annahme, dass schon kleine Alkoholmengen zur Übertretung der geltenden Promille-Grenzen ausreichten, in negativer Weise dazu führt, dass in der Bevölkerung eine Solidarisierung mit Trunken-heitstätern stattfindet. Von vielen Kraftfahrern wird Trinken und Fahren nicht vollständig getrennt und nach eher geringem Konsum wird noch am Straßenverkehr teilgenommen. Wenn diese nun annehmen - und dies eben zu Unrecht -, dass sie selbst gegen die rechtlichen Bestimmungen verstoßen, also hin und wieder unter unzulässig hohem Alkoholeinfluss fahren, erscheinen ihnen die ermittelten Trunkenheitstäter wie Pechvögel, die zufällig aus der Masse der alkoholisierten Kraftfahrer herausgezogen worden sind. In Wirklichkeit verhält sich die weit überwiegende Zahl der Verkehrsteilnehmer jedoch in Bezug auf Alkohol am Steuer normkonform. Wenn sich diese bewährten Verkehrsteilnehmer vor Augen führen würden, welche Trinkmengen tatsächlich konsumiert worden sind bzw. konsumiert worden sein müssen, um die relevanten Promille-Grenzen zu überschreiten, würde die Bewertung eines Trunkenheitsverstoßes vermutlich anders ausfallen.

Die Fahrschüler wurden deshalb gebeten, in diesem Zusammenhang einzuschätzen, welche Trinkmengen nötig sind, um 0,5, 0,8 bzw. 1,1 Promille zu erreichen. Bei diesen Einschätzungen gab es keine signifikanten Unterschiede zwischen den männlichen und weiblichen Fahrschülern. Es zeigte sich aber, dass die objektiv notwendigen Trinkmengen deutlich unterschätzt wurden, die Einschätzung jeweils ungefähr die Hälfte der realistischen Mengen betrug. Nur 14 Fahrschüler (0,5 %) machten vollständig realistische Angaben (+- 1 TE). Bei den Fahrschülern wirkten die (Fehl-)Informationskampagnen offensichtlich, zusätzlich wurde evtl. auch die subjektiv erlebte Beeinträchtigung (retrospektiv) als Maßstab für die Schätzung heran gezogen, die auch bei niedrigeren Promillewerten bei den nicht-alkoholgewöhnten Personen bereits erlebbar eintritt. In der Annahme, dass bei einem solchen erlebten Zustand die Fahrtüchtigkeit (im juristischen Sinne) nicht mehr gegeben sei, wurde dann auf die vermutliche Alkoholkonzentration geschlossen. So kommt es dann dazu, dass der Schluss gezogen wird, bereits nach wenigen Trinkeinheiten schon hohe Promillewerte erreicht zu haben.

Ein Fragenkomplex befasste sich mit weiterem Suchtmittelkonsum, mit dem Rauchverhalten. Zusammenhänge zwischen Alkohol- und Tabakkonsum sind auch in anderen Untersuchungen festgestellt worden. Zigaretten und Alkohol erfüllen bei Jugendlichen und Heranwachsenden ähnliche Funktionen: Sie dienen dem Imagegewinn in der Clique, das Erwachsensein wird geprobt. Das Probierverhalten beim Rauchen findet zeitlich oft noch früher statt als beim Alkohol, bei den Zigaretten lockt noch mehr, etwas Verbotenes zu tun (NORDLOHNE, 1992). Rauch- und Trinkverhalten im Verlauf der Jugendphase hängen im wesentlichen vom Gesamtverhalten der Peergroup ab, oftmals wird der Konsum beider Stoffe kombiniert.

Unter den Fahrschülern fanden sich 44,2 % Raucher, von denen wiederum ungefähr die Hälfte mehr als 10 Zigaretten (11 % mehr als 20 Zigaretten) täglich rauchte. Die Raucher hatten auch einen signifikant höheren Alkoholkonsum als die Nichtraucher. Bei den Fahrschülern waren unter den starken Trinkern auch die meisten starken Raucher mit mehr als zehn Zigaretten täglich. Es zeigte sich also insgesamt, dass Trinken und Rauchen oftmals miteinander kombiniert sind, besonders deutlich bei den Männern. Die männlichen Nichtraucher konsumierten durchschnittlich 12,8 TE, die weniger starken Raucher 17,1 TE und die starken Raucher 25,2 TE in der Woche.

Zusammenfassend ist festzuhalten, dass die Hypothesen zum Trinkverhalten der Fahr-schüler (vgl. Abschnitt 7.3) von 1990/91 bestätigt wurden:

Die männlichen Fahrschüler gaben häufigeren und auch höheren Alkoholkonsum an, sie gaben höhere Trinkmengen zum Erleben einer ersten Rauschwirkung und auch höhere Mengen bzgl. der zu einem Anlass konsumierten Höchstmenge an als die Fahrschülerinnen. Außerdem waren sie zum Zeitpunkt des ersten Rauscherleb-nisses jünger.

Zusätzlich zeigten sich auch noch – wenn auch nicht signifikante - Zusammenhänge zwi-schen Tabak- und Alkoholkonsum.

10.2 Zusammenfassung und Diskussion der Ergebnisse bzgl. der alkoholauffälligen Fahranfänger

Unter den 2.595 Fahranfängern, die 1998 auf Einträge im Verkehrszentralregister des Kraftfahrt-Bundesamtes geprüft worden sind, fanden sich 65 Trunkenheitstäter (2,5 %), die insgesamt durch 72 Alkoholverstöße aufgefallen waren, wobei der überwiegende Teil schwerwiegendere Verstöße mit in der Regel mindestens 1,1 Promille gewesen sind. Der Anteil der Trunkenheitstäter fiel geringer aus, da im allgemeinen eine Auffallensquote von 5 % angenommen wird (STEPHAN, 1988b), diese Quote bezieht sich jedoch auf einen Be-obachtungszeitraum von 10 Jahren. Entscheidend ins Gewicht fiel hierbei wohl, dass eini-ge Verstöße 1998 bereits wieder getilgt worden waren, insbesondere die Verstöße gegen die 0,8-Promille-Grenze, die bereits nach zwei Jahren wieder gelöscht werden, wenn kei-ne neuerlichen Auffälligkeiten bekannt geworden sind.

Unter den Aufgefallenen waren lediglich drei Fahranfängerinnen (4,6 %). Wegen dieser geringen Zahl weiblicher Trunkenheitstäter konnten hier keine weitergehenden statisti-schen Analysen vorgenommen werden. Im Abschnitt 9.1 sind die Angaben bei der Befra-gung in der Fahrschule dieser alkoholauffälligen Frauen beschreibend dargestellt. Um eine Typologie für Trunkenheitstäterinnen zu entwickeln, d. h. die aussagekräftigen Variablen in Bezug auf Alkoholverstöße zu gewinnen, ist eine größere Gruppe an aufgefallenen Frauen notwendig.

Die weiteren Ausführungen beziehen daher ausschließlich auf die männlichen Fahranfänger. Bezüglich des Lebensalters zum Zeitpunkt des Fahrschulbesuchs unterschieden sich die Trunkenheitstäter nicht signifikant von den Nicht-Registrierten. Wegen der insgesamt eher geringen Anzahl an Aufgefallenen konnten keine eindeutigen Aussagen bezüglich der Bedeutung der regionalen Herkunft gemacht werden, da zum einen die Zellbesetzung (Bundesland) zu gering war, zum anderen kein eindeutiges Bild (Ortsgröße) gegeben war.

Was das Schulbildungsniveau betraf, so ergaben sich Hinweise auf einen Zusammenhang zu den Trunkenheitsfahrten (s. Abb. 1). Fahranfänger mit Hauptschulabschluss hatten mit 6,1 % die höchsten Auffallensquoten, von den Untersuchungsteilnehmern, die bereits Abitur hatten, ist niemand registriert gewesen.

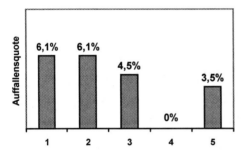

1: **Sonderschule/ohne Abschluss**
2: **Hauptschulabschluss**
3: **Mittlere Reife**
4: **Abitur**
5: **Schüler**

Abb. 1: Auffallensquoten in Abhängigkeit von der Schulbildung

Hierbei muss aber berücksichtigt werden, dass ein großer Teil der Fahrschüler zum Zeitpunkt der Befragung 1990/91 noch Schüler gewesen war. Unter Berücksichtigung der Altersstruktur muss man annehmen, dass ein Teil später das Abitur erworben hat. Von diesen Schülern sind 3,5 % aufgefallen, so dass vermutlich für die Abiturienten eine Auffallensquote von ca. 3,0 % anzunehmen ist. Diese wäre dann aber noch immer nur halb so hoch wie die der Hauptschüler. Es gilt in diesem Zusammenhang sicherlich auch noch weitere Variablen zu berücksichtigen, die nicht erhoben werden konnten wie z. B. die Fahrpraxis und der Fahrzeugbesitz, der bei den Personen mit Hauptschulabschluss evtl. höher gewesen sein könnte. Andererseits hatte die Analyse der Gesamtstichprobe auch deutliche Zusammenhänge zwischen Schulabschluss und den Alkoholtrinkgewohnheiten ergeben, welche wiederum die Wahrscheinlichkeit von Trunkenheitsverstößen maßgeblich beeinflussen.

Wenn man die Gruppe aller befragten Männer auf der Basis ihrer Trinkmengen in vier gleich große Teile aufteilte, so ergaben sich stetig steigende Auffallensquoten. Bei einem Extremgruppenvergleich zwischen den 10 %, die am wenigsten und den 10 % die am meisten Alkohol in der der Erhebung vorangegangenen Woche getrunken hatten, ergab sich für die untere Gruppe eine Quote von 1,4 % und für die obere Gruppe eine fünfmal so große Quote von 7,1 % an Trunkenheitstätern.

Um noch differenzierter Unterschiede zwischen den Trunkenheitstätern und den Nicht-Registrierten herausfinden zu können, wurden zu den 62 Aufgefallenen 62 sogenannte Parallelfälle ermittelt, die mit den Trunkenheitstätern hinsichtlich des Geschlechts, Lebensalters, der regionalen Herkunft und des Schulabschlusses identisch waren.

Bei den Einstellungen zu den Promille-Grenzen bei einer Verkehrsteilnahme zeigten sich keine signifikanten Unterschiede zwischen den Aufgefallenen und den Parallelfällen. Tendenziell hatten die Trunkenheitstäter jedoch bereits schon in der Fahrschule die Einführung einer 0,0-Promille-Grenze eher abgelehnt (53,5 % gegenüber 43,5 %) und für eine Beibehaltung der damals geltenden 0,8-Promille-Grenze plädiert (53,2 % gegenüber 43,6 %).

17,7 % der Trunkenheitstäter hatten sich schon in der Fahrschule vorstellen können, die Fahrerlaubnis wegen eines Alkoholverstoßes entzogen zu bekommen. In diesem Bereich zeigte sich ein signifikanter Unterschied zu den Nicht-Aufgefallenen, von denen dies nur 9,2 % bekundet hatten (Gesamtstichprobe der Männer: 9,6 %). Dennoch wird deutlich, dass sich die überwiegende Zahl (82,3 %) der späteren Trunkenheitstäter in der Fahrschule nicht bewusst gewesen ist bzw. die Möglichkeit nicht einmal in Betracht gezogen hat, die Fahrerlaubnis wegen einer Trunkenheitsverstoßes wieder verlieren zu können. Die unterstreicht umso mehr, dass gezielte Information zum Zusammenhang zwischen allgemeinem Alkoholkonsum und der Gefährdung, wegen Alkohol am Steuer aufzufallen, dringend notwendig sind. Hinsichtlich der Einschätzung der Kontrolldichte gab es keine Unterschiede zwischen Trunkenheitstätern und Parallelfällen.

In der Tendenz hatten die später Aufgefallenen bei der Befragung in der Fahrschule mehr Trinkanlässe, also häufigeren Konsum von Bier, Wein oder Spirituosen eingeräumt als ihre Parallelfälle. Signifikante Unterschiede ergaben sich hinsichtlich der Konsumhäufigkeiten aber nicht. Betrachtete man die Angaben zu den Trinkanlässen detaillierter so fiel auf, dass die späteren Trunkenheitstäter in der Fahrschulzeit häufiger innerhalb der Familie, am Arbeitsplatz aber auch allein Alkohol konsumiert hatten. Ein signifikanter Unterschied zu den Parallelfällen ergab sich allerdings nur bei den Konsumgewohnheiten mit dem Lebenspartner/der -partnerin. Hier hatten 32,3 % der Registrierten erklärt, zumindest mehrmals wöchentlich Alkohol mit dem Freund/der Freundin zu trinken, wobei dies nur 9,7 % der Parallelfälle angegeben hatten. Der häufigste Konsumpartner bei beiden Gruppen waren die Freunde (Peers). 41,9 % der Aufgefallenen und 33,9 % der Nicht-Registrierten hatten eingeräumt, mehrmals wöchentlich mit Freunden Alkohol zu konsumieren. Die häufigsten Trinkorte/-anlässe waren Kneipen, Discos, Parties aber auch bei den Freunden zu Hause.

Bei Betrachtung der konkreten Trinkmengen ergaben sich signifikante Unterschiede zwischen Trunkenheitstätern, die im Durchschnitt 22,2 TE und den Nicht-Registrierten, die 'nur' 14,0 TE in der der Erhebung vorangegangenen Woche konsumiert hatten. Auffällig war auch, dass von den Aufgefallenen 8,1 % einen medizinisch bedenklichen Konsum in der Fahrschulzeit hatten, von den Parallelfällen aber niemand mehr als 60 g reinen Alkohols im Schnitt pro Tag getrunken hatte. Allerdings war von den stärksten Trinkern der Fahrschülerbefragung (TM VIII) niemand 1998 wegen eines Trunkenheitsverstoßes registriert. Vermutet werden kann, dass diese Fahrschüler deshalb nicht aufgefallen sind, weil sie aufgrund ihrer extremen Alkoholgewöhnung bei Kontrollen nicht als alkoholisiert erkannt werden, d. h. dass die Beeinträchtigungen in der Kontrollsituation noch überspielt werden können.

Um weitere Hinweise auf die Alkoholgewöhnung der Befragten zu bekommen, wurden sie dazu befragt, nach welcher Trinkmenge sie eine erste Alkoholwirkung verspüren und wie groß die jemals zu einem Anlass konsumierte Höchstmenge gewesen sei. Die Angaben zur Menge für eine erste Wirkung waren nicht signifikant unterschiedlich, tendenziell aber in der erwarteten Richtung: 5,7 TE durchschnittlich gaben die Aufgefallenen und 4,6 TE die Parallelfälle an. Hinsichtlich der je zu einem Anlass konsumierten Höchstmenge ergaben sich aber wiederum signifikante Unterschiede: 33,5 TE hatten die Trunkenheitstäter durchschnittlich im Maximum konsumiert, 21,6 TE die Parallelfälle.

Die Frage nach dem Vergleich des eigenen Alkoholkonsums mit den Trinkgewohnheiten der Gleichaltrigen erbrachte zwar keine signifikanten Unterschiede zwischen Trunkenheitstätern und Nicht-Aufgefallenen, dennoch ist interessant, dass immerhin 50,0 % der Aufgefallenen erklärten, genauso viel, bzw. 8,1 % gaben an, mehr als Gleichaltrige zu trinken. Zwar hatten auch 35,5 % erklärt, weniger als die Gleichaltrigen zu konsumieren, bei der Gesamtstichprobe der Männer behaupteten dies aber 54,5 % der Befragten. Dieses Ergebnis kann als Hinweis auf den Einfluss der Peergroup auf den Alkoholkonsum bewertet werden. Wie eingangs beschrieben, bestimmt das Trinkverhalten der Peers wesentlich den eigenen Konsum bzw. Vieltrinker suchen auch eher Gruppen auf, in denen ihr Vieltrinken toleriert wird.

Die Angaben zur Häufigkeit der erlebten Alkoholräusche in der Vergangenheit erbrachten keine signifikanten Unterschiede. Zwar hatten 50 % der Trunkenheitstäter bei der Fahrschülerbefragung erklärt, mehrmals in den letzten 12 Monaten betrunken gewesen zu sein, aber auch 45,2 % der Parallelfälle hatten diese Angabe gemacht. Zu beachten ist hierbei, dass die Rauschanzahl nicht konkret erfragt worden ist, so dass in die genannte Kategorie Fahrschüler gefallen sein können, die zum einen 20 Mal, zum anderen vielleicht nur 5 Mal in der letzten 12 Monaten ein Rauscherlebnis hatten. Grundsätzlich ist es auch schwierig zu erkennen, was der einzelne Fahrschüler unter einem Rauscherlebnis verstanden hatte, gerade wenn er große Trinkmengen gewohnt gewesen ist.

Eindeutiger und deshalb aufschlussreicher war die Frage nach dem Lebensalter beim ersten Rauscherlebnis. Die späteren Trunkenheitstäter waren mit 14,4 Jahren ca. ein Jahr jünger als die Parallelfälle, der Unterschied war signifikant. Bestätigt wird hierdurch, dass das Alter beim ersten Rausch Einfluss auf die Trinkgewohnheiten im frühen Erwachsenenalter hat (vgl. Abschnitt 8.3.3) und dies wiederum offenbar die Wahrscheinlichkeit einer Trunkenheitsfahrt beeinflusst.

Wie auch schon in der Gesamtstichprobe zu beobachten war, unterschätzten die Trunkenheitstäter die Trinkmengen, die zum Erreichen bestimmter Promille-Werte notwendig sind, deutlich. Hierin unterschieden sie sich nicht von den nicht-aufgefallenen Fahranfängern.

Unter den wegen eines Alkoholverstoßes aufgefallenen Fahranfängern fanden sich zwar mehr Raucher und auch mehr stärkere Raucher als unter den Nicht-Registrierten, der Tabakkonsum ist aber nicht geeignet, um sicher zwischen diesen Gruppen zu differenzieren.

FOLLMANN (2000) hatte festgestellt, dass Fahrschüler, die später durch nicht-alkoholbedingte Verstöße auffällig geworden waren, risikobereiter gewesen sind als die Nicht-aufge-fallenen. Die Trunkenheitstäter sind allerdings nicht risikobereiter als die Parallelfälle, die Risikobereitschaft scheint kein entscheidendes Kriterium für Alkoholverstöße zu sein. Dieses Ergebnis bedeutet sicherlich aber nicht, dass die Fahranfänger nicht grundsätzlich risikobereiter sind als der Rest der Kraftfahrer.

Auch zeigten sich in der vorliegenden Untersuchung keine Zusammenhänge zwischen Trunkenheitsfahrten und sonstigen Verkehrsverstößen ohne Alkoholeinfluss. Es bestätigte sich, dass Alkoholverstöße eine eigene Gruppe von Auffälligkeiten auch bei den Fahranfängern bilden und sich von den sonstigen typischen Auffälligkeiten wie Geschwindigkeitsverstöße und Vorfahrtsverstöße abheben bzw. nicht in unmittelbarem Zusammenhang dazu stehen.

In Bezug auf die im Abschnitt 7.3 formulierten Hypothesen ist festzustellen, dass **von den männlichen Befragungsteilnehmern ungleich mehr durch Alkohol im Straßenverkehr aufgefallen sind als von den weiblichen, dass diese alkoholauffälligen Fahranfänger bei der Fahrschülerbefragung höhere Trinkmengenangaben machten, höhere Trinkmengen bzgl. der jemals getrunkenen Höchstmenge benannten und sie zum Zeitpunkt des ersten Rauscherlebnisses jünger gewesen sind als die nicht-aufgefallenen Fahranfänger.**

Die postulierten Unterschiede bzgl. der Alkoholkonsumhäufigkeiten, der angegebenen Trinkmenge zum Erreichen einer ersten Alkoholwirkung und der Risikobereitschaft bestätigten sich hingegen nicht, in diesen Bereichen zeigten sich keine bedeutsamen Unterschiede.

Es bleibt festzuhalten, dass als wesentliche Einflussgröße für eine Trunkenheitsfahrt in den ersten Jahren nach Erwerb der Fahrerlaubnis offenbar der generelle Alkoholkonsum zum Zeitpunkt des Besuchs der Fahrschule zu extrahieren war, Hinweise auf problematische Trinkgewohnheiten gaben auch die konsumierten Höchstmengen.

Natürlich lässt sich aus den Trinkgewohnheiten in der Fahrschulzeit keine deterministische Aussage über das Eintreten einer Trunkenheitsfahrt machen, da nicht automatisch alle Vieltrinker aufgefallen sind und auch Fahranfänger, die bei der Fahrschülerbefragung geringere Trinkmengen angegeben hatten, später wegen eines Trunkenheitsverstoßes im Verkehrszentralregister geführt worden waren.

Bedeutsame Unterschiede zwischen den Aufgefallenen und den nicht registrierten Parallelfällen fanden sich zusätzlich in Bezug auf den Schulabschluss und das Lebensalter beim ersten Rauscherlebnis. Betrachtet man die Gesamtgruppe aller Fahrschüler ist die Geschlechtszugehörigkeit ein entscheidendes Kriterium für die Wahrscheinlich einer registrierten Trunkenheitsfahrt. Berücksichtigt man die Ausführungen zum Alkoholkonsumverhalten von Jugendlichen und jungen Erwachsenen (vgl. Abschnitt 5.2 und 5.3) so scheint plausibel, dass sich die letztgenannten Kriterien nicht direkt auf das Zustandekommen eines Alkoholverstoßes auswirken, sondern vermutlich das Alkoholtrinkverhalten mitbestimmen, wie dies auch für das Konsumverhalten innerhalb der Peergroup angenommen werden kann (s. w. o.).

Welche Korrelate – die bei der Fahrschülerbefragung erhoben worden sind - das Zustandekommen einer Trunkenheitsfahrt nach den Ergebnissen dieser Untersuchung begünstigen und wie sie sich auswirken, ist in Abbildung 2 dargestellt.

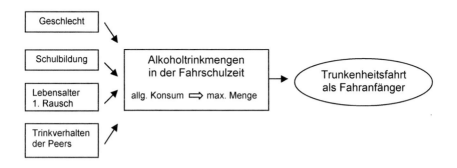

Abb. 2: Korrelate mit Trunkenheitsfahrten bei Fahranfängern

Das Alkoholtrinkverhalten wird beeinflusst durch das Geschlecht, die Schulbildung, den Beginn des exessiven Konsums und das Trinkverhalten des sozialen Umfeldes, insbesondere der Gruppe der Gleichaltrigen. Der allgemeine Alkoholkonsum wiederum hat Einfluss auf die konsumierbare Höchstmenge, je häufiger und mehr Alkohol getrunken wird, desto größer ist die Alkoholtoleranz, desto mehr Alkohol wird 'vertragen'. Mit zunehmendem Alkoholkonsum (und entsprechend zunehmender Alkoholgewöhnung) steigt die Wahrscheinlichkeit einer Trunkenheitsfahrt. Unter den Begriff Fahranfänger fallen hierbei nicht nur die Inhaber einer Fahrerlaubnis auf Probe, sondern die Kraftfahrer in den ersten sechs bis acht Jahren nach Erwerb der Fahrerlaubnis.

Weniger bedeutsam – zumindest ergaben sich keine signifikanten Unterschiede zwischen Trunkenheitstätern und Nicht-Registrierten – waren die Einstellungen bzgl. der Promille-Grenzen, die Rauschhäufigkeiten (in der hier erhobenen Form), das Wissen um die Zusammenhänge zwischen Trinkmenge und Blutalkoholkonzentration, andere Verkehrsverstöße ohne Alkoholeinfluss und die Risikobereitschaft der Fahrschüler.

Zusätzlich sind weitere Faktoren, die bei dieser Untersuchung nicht ermittelt werden konnten, mit zu berücksichtigen. Hier sind zum einen personenbezogene Merkmale wie z. B. die Fahrerfahrung und das fahrerische Können zu nennen. Zum anderen gibt es nur wenige Informationen über die Umstände der Trunkenheitsfahrten. Die Bedingungskonstellationen sind nicht bekannt, also z. B. die Uhrzeit der Verstöße, ob es eine Alleinfahrt gewesen ist u. ä. Auch zum Ort der Auffälligkeit durften aus datenschutzrechtlichen Gründen keine Informationen gewonnen werden. Es sind diese Umstände einer Trunkenheitsfahrt aber oft auch nur die Umstände der Entdeckung der Fahrt, weniger des Zustandekommens. Die Darstellung in Abbildung 2 kann aber nur die bekannten, bei der Befragung erhobenen Merkmale, beinhalten.

In Bezug auf die Ausgangsfrage dieser Untersuchung, ob es möglich ist, bereits in der Fahrschule potentielle Trunkenheitstäter zu identifizieren, bleibt festzuhalten, dass die in Abbildung 2 dargestellten Risikobereiche ermittelt werden konnten, die Aussagen bzgl. der Wahrscheinlichkeit einer entdeckten Trunkenheitsfahrt in den ersten Jahren nach Fahrerlaubniserwerb zulassen. Primärer Ansatzpunkt ist daher das generelle Alkoholtrinkverhalten und nicht das Vermitteln guter Vorsätze, die eben oft nur in nüchternem Zustand bedacht werden.

Wie diese Ergebnisse in ein präventives Konzept einzubauen wären, welche bisherigen Maßnahmen und Programme in den entscheidenden Bereichen wirken, soll im abschließenden Abschnitt dargelegt werden.

10.3 Schlussfolgerungen

Die Ergebnisse der vorliegenden Untersuchung bestätigen die bisherigen empirischen Befunde und die Ansätze präventiver Konzepte insofern, dass man auch bei Fahranfängern zwischen Alkoholtätern und sonstigen Verkehrsdelinquenten differenzieren muss, d. h. dass diese offenbar nicht die gleichen Bedingungsfaktoren aufweisen (vgl. FOLLMANN, 2000).

Bisherige Maßnahmen für Fahranfänger wie der Stufenführerschein für Zweiräder und die Fahrerlaubnis auf Probe haben sich positiv ausgewirkt (BUNKOWSKY, 1993). Auch andere präventive Maßnahmen, wie Verkehrsunterricht in Schulen und allgemeine Aufklärungs- und Informationskampagnen sind zu begrüßen. Inzwischen werden auch durch Maßnahmen wie die Kampagne "Rücksicht kommt an", die sich an Fahranfänger richtet und spezifische Medien (Video) nutzt, zielgruppenspezifische Interventionen durchgeführt (SCHULZE, 1996).

Bei Betrachtung der generalpräventiven Maßnahmen (im Rahmen der Gesetzgebung) und vieler Aufklärungsmaßnahmen bzgl. Alkohol am Steuer zeigen sich jedoch einige Widersprüche. Auf der einen Seite wird den Fahranfängern (wie auch allen anderen Verkehrsteilnehmern) nach dem Gesetz zugestanden, nach Alkoholkonsum noch zu fahren, solange sie die 0,5-Promille-Grenze nicht erreichen bzw. überschreiten. Andererseits wird immer wieder suggeriert, dass bereits geringe Trinkmengen ausreichen würden, um diese Promillegrenze zu erreichen (STEPHAN, 1988a). Diese letztgenannten bewussten Fehlinformationen sollen die Kraftfahrer für das Thema sensibilisieren, sollen abschrecken, auch nach geringem Konsum noch am Straßenverkehr teilzunehmen. Tatsächlich kann man aber durch den Konsum von zwei bis drei Bier (0,2 l) rechtlich relevante Blutalkoholkonzentrationen nicht erreichen.

Nun ist es sicherlich positiv, wenn die Kraftfahrer auch bei einer geringen Alkoholisierung nicht mehr fahren, da Untersuchungen immer wieder gezeigt haben, das bereits ab 0,3 Promille erhebliche Beeinträchtigungen auftreten. Als äußerst problematisch ist hierbei allerdings zu sehen, dass die rechtlichen Grenzen auf diese Weise als äußerst streng wahrgenommen werden. Verstärkt wird diese Annahme zusätzlich durch die subjektiv erlebte Alkoholwirkung. Erlebt eine Person nach dem Konsum von zwei Trinkeinheiten (z. B. 2 x 0,2 l Bier) die eigene Alkoholwirkung als eher gering, glaubt aber gleichzeitig, nun schon 0,5 Promille erreicht zu haben, wird die entsprechende rechtliche Grenze als sehr bzw. zu streng bewertet. Aus wissenschaftlicher Sicht sind die Grenzen aber keineswegs streng. Man muss bedenken, dass ein normalgewichtiger Mann (75-80 kg) tatsächlich mindestens sechs Trinkeinheiten, also z. B. mindestens sechs Bier à 0,2 l konsumieren muss, um 0,5 Promille überhaupt erreichen zu können. Verteilt sich dieser Konsum über einen längeren Zeitraum, sind noch größere Trinkmengen notwendig.

Wäre das Wissen um die Zusammenhänge zwischen Trinkmenge und Blutalkoholkonzentration weiter verbreitet, käme es in weiten Teilen der Bevölkerung vermutlich zu einer Umbewertung von Alkoholverstößen. Da viele Kraftfahrer aufgrund ihrer - durch Fehlaufklärungen entstandenen - Unkenntnis annehmen, dass sie selbst schon einmal gegen die Vorschriften verstoßen haben, weil sie nach geringem Alkoholkonsum noch gefahren sind, findet eine objektiv völlig unbegründete Solidarisierung mit den 'echten' Trunkenheitstätern statt und Alkoholverstöße werden als Kavaliersdelikte abgetan. Alkoholtäter werden so als Pechvögel wahrgenommen, die zufällig aus der Masse der angeblich rechtsuntreuen Kraftfahrer 'herausgepickt' wurden (STEPHAN, 1988a). Dass diese Unkenntnis auch unter Fahranfängern weit verbreitet ist, hat die Fahrschülerbefragung gezeigt.

Nun soll nicht das Ziel sein, Fahranfängern beizubringen, wie man sich an die 0,5-Promille-Grenze heran trinkt. Vielmehr beabsichtigen Kampagnen, die Jugendliche/junge Erwachsene ansprechen sollen, die Fahrer zur Trennung von Trinken und Fahren zu bewegen. Die Aktion "Trinken und Fahren könnt ihr euch sparen" (EMSBACH, 1998) richtet sich an potentielle Beifahrer(innen), das "Pilotprojekt Alkoholprävention bei Fahrschülern und Fahranfängern – PAFF" (POPPELREUTER & DEVOL, 1998; POPPELREUTER et al., 2001) hat zum Ziel, die Fahranfänger zur Einhaltung einer persönlichen 0,0-Promille-Grenze zu bewegen. Auch die Kurse für alkoholauffällige Fahranfänger zielen auf die Trennung von Trinken und Fahren (siehe auch Kapitel 6).

Die empirischen Befunde (Unfallzahlen) in Kombination mit den altersspezifischen Risikovariablen sprechen dafür, zumindest bei Fahranfängern eine Straßenverkehrsteilnahme ohne Alkohol anzustreben. Die Aktionen, Programme, Kampagnen und Kurse zollen diesem Umstand Rechnung. Wie die vorliegende Untersuchung gezeigt hat, sind auch die Fahrschüler selbst mehrheitlich nicht gegen die Einführung einer 0,0-Promille-Grenze. Auch eine neuere Erhebung von 1999 bestätigt dies eindrucksvoll. STERN und SCHLAG (2001) haben in einer bundesweiten Studie die Akzeptanz von 13 verschiedenen sicherheitsfördernden Maßnahmen bei 18- bis 24jährigen Fahrern erfasst. Eine 0,0-Promille-Grenze für Fahranfänger wurde dabei nahezu uneingeschränkt von allen Fahranfängern akzeptiert. Die Autoren werten dies als Beleg dafür, dass ein großer Teil der jungen Fahrer heute ohnehin Trinken und Fahren trennt.

Das jugendtypische Verhalten, die Grenzen auszuloten, fordert die risikobehafteten Fahranfänger aber geradezu heraus, Alkoholkonsum und Fahren zu kombinieren, solange die 0,5-Promille-Grenze gilt. Es ist daher sinnvoll, für Fahranfänger die Einführung der 0,0-Promille-Grenze zu fordern (STEPHAN, 1988c), bzw. eine (z. B. wegen möglicher Medikamenteneinnahme) Toleranz bis 0,05 Promille zu gewähren (MÜLLER, 2000, 2001). HAMM (1998, S. 174) erläutert hierzu:

"Die Einführung eines absoluten Alkoholverbotes für Fahranfänger sollte vorrangig angestrebt werden. Auch in verfassungsrechtlicher Hinsicht bestehen keine Bedenken gegen eine solche Maßnahme: Nach Absenkung der Promillegrenze des § 24a StVG auf 0,5 Promille (...), stehen dieser Maßnahme unter dem Gesichtspunkt der Gleichbehandlung keine durchgreifenden Bedenken entgegen, da die Wirkungen des Alkohols und die daraus folgende Unfallgefahr bei jugendlichen und unerfahrenen Fahrern ungleich größer sind als bei den übrigen Fahrern."

Gleichzeitig muss aber neben einer rechtlichen Rahmenregelung auch der Einhaltungsdruck erhöht werden. In diesem Zusammenhang sollten auch die Erkenntnisse wissenschaftlicher Untersuchungen in die Praxis Einzug halten. Wie PFEIFFER und HAUTZINGER (2001) ermitteln konnten, ist eine Verstärkung der Kontrollen allein nicht hinreichend. Bedeutsam ist vor allen Dingen eine Verunsicherung der Kraftfahrer zu erreichen, was eine mögliche Kontrolle betrifft. Wirksamstes Mittel hierzu ist ein ständiger Wechsel der Kontrollstellen. Auch FISCHER (1998) stellt hierzu fest, dass allein eine Absenkung der Promillegrenze nicht ausreicht, sondern dass die perzipierte Sanktionswahrscheinlichkeit erhöht werden muss und er plädiert in diesem Zusammenhang für die verdachtsfreien Alkoholkontrollen.

Die Erhöhung des Befolgungsgrades muss aber nicht – und kann wohl auch nicht – ausschließlich durch staatliche Gewalt geschehen. Durch Aktionen wie das Programm "Trinken und Fahren könnt ihr euch sparen" (EMSBACH, 1998) wird auch der soziale Druck auf junge (insbesondere männliche) Fahrer erhöht. Hierbei werden die potentiellen Mitfahrerinnen aufgefordert, nicht mit alkoholisierten Männern zu fahren.

Auch die Verbesserung des öffentlichen Nahverkehrs, z. B. das Anbieten sogenannte Disco-Busse (HOPPE & TEEKAT, 1995), kann bei der Umsetzung, zumindest anfänglich, helfen. Langfristig können aber aus ökonomischen Gründen flächendeckend wohl kaum dauerhaft derartige Angebote gemacht werden. Auch können Disco-Busse nachteilig sein, da suggeriert wird, dass Fahralternativen vorhanden sind, man sich vorab also keine Gedanken machen muss, wie man von A nach B kommt. Wenn aber derartige Angebote dann einmal fehlen, alles nicht schnell genug geht oder die Beteiligten sich für einen anderen Zielort entscheiden, der nicht mit dem Bus zu erreichen ist, besteht wieder die Gefahr, dass es zu einer Trunkenheitsfahrt kommt. Ziel muss es bleiben, das der oder die Fahrer(in) eben erst gar keinen Alkohol trinkt, dass in der Planung der Freizeitgestaltung bereits frühzeitig festgelegt wird, wem diese Rolle des 'abstinenten Fahrers' zukommt.

Es ist sicherlich auch nicht möglich, durch Gesetzgebung jugendliches Verhalten spontan zu verändern, die Hemmschwelle für Alkoholfahrten würde durch eine gesetzliche 0,05-Promille-Grenze aber sicherlich erhöht. Gleichzeitig muss dennoch immer auch Aufklärung und Information stattfinden (und diese muss wahrhaft sein). Das Pilotprojekt 'PAFF' (s. w. o.) bietet mit einem Trinkversuch und Leistungstests sowie späterer Rekapitulation des Erlebten eine gute Möglichkeit, den Erfahrungshorizont modellhaft zu erweitern, ohne dass das Verhalten in Form einer Trunkenheitsfahrt in vivo erprobt werden müsste. Schließlich bliebe zu hoffen, dass das etablierte positive Verhalten, also die Trennung von Trinken und Fahren, zumindest bei einigen Fahranfängern, über die Probezeit hinaus 'gerettet' werden könnte – von der Einführung einer generellen 0,05-Promille-Grenze gar nicht zu reden.

Wie die Ergebnisse der vorliegenden Untersuchung gezeigt haben, ist der generelle Alkoholkonsum (während der Fahrschulzeit) ein wesentlicher Faktor für das Auftreten einer Trunkenheitsfahrt in den ersten Jahren einer Fahrerkarriere. Nun ist zwar nicht jeder starke Trinker später wegen eines Alkoholverstoßes registriert gewesen und ein Teil der späteren Trunkenheitstäter hatte in der Fahrschülerbefragung unauffällige Trinkmengen angegeben, ein eindeutig deterministischer Zusammenhang zwischen Trinkverhalten in der Fahrschulzeit und einer späteren Trunkenheitsfahrt besteht also nicht. Ähnlich wie bei Fahreignungsbegutachtungen (UNDEUTSCH, 1990) können auch hier nur Wahrscheinlichkeitsaussagen gemacht werden: Mit steigender Trinkmenge (in der Zeit des Fahrschulbesuchs) nahm in der vorliegenden Untersuchung die Wahrscheinlichkeit einer späteren Eintragung im Verkehrszentralregister deutlich zu, bei einem Extremgruppenvergleich war die Auffallensquote bei Vieltrinkern fünfmal (!) so hoch wie bei den Wenigtrinkern.

Man muss daher davon ausgehen, dass sich ein (größerer) Teil der alkoholauffälligen Fahranfänger aus der Gruppe der problematischen Alkoholkonsumenten rekrutiert, (vgl. Abschnitt 4.4), was durch die durchschnittlichen Blutalkoholkonzentrationen bei jungen Trunkenheitstätern (RUNGE, 1996) und auch durch die Ergebnisse der vorliegenden Untersuchung dokumentiert wird.

Als Ertrag der hier vorgelegten Untersuchung kann also festgehalten werden, dass es bei der hochgefährdeten Gruppe der Vieltrinker nicht so sehr auf die Trennung von hohem Alkoholspiegel und Führen eines Kraftfahrzeuges ankommt, sondern vielmehr auf eine generelle Verminderung des Alkoholkonsums. In diesem Zusammenhang ist zu beachten, dass der Anteil der registrierten Alkoholtäter kein realistisches Bild gibt. Ein großer Teil gefährdet immer wieder die Verkehrssicherheit und bleibt doch im Dunkelfeld.

Es stellt sich die Frage, ob diese Personen durch eine 0,05-Promille-Grenze von Alkoholfahrten abgehalten würden. Es bestünde allerdings so zunächst immerhin die Möglichkeit, die Betroffenen für ihre Alkoholproblematik zu sensibilisieren, wenn ihnen die Trennung nicht gelänge. Auch wäre die subjektive Einschätzung des eigenen Alkoholisierungsgrades, die gerade den alkoholgewöhnten Jugendlichen insofern Schwierigkeiten bereitet, dass sie ihre Alkoholisierung oftmals unterschätzen, erheblich einfacher. Ob man Alkohol getrunken hat oder nicht, ist wohl leichter einzuschätzen, als die aufgrund der konsumierten Alkoholmenge zu vermutende Blut- oder Atemalkoholkonzentration.

Wenn der Alkoholkonsum aber einen erheblichen Stellenwert einnimmt und evtl. bereits von einer Alkoholproblematik bzw. einem Alkoholmissbrauch, ausgegangen werden kann, reicht bei dieser Problemgruppe die Einführung eines Alkoholverbots für Fahranfänger nicht aus. Es reicht auch nicht aus, nach bereits erfolgten Alkoholverstößen lediglich die Trennung von Trinken und Fahren anzustreben. Langfristig kann dies den Problemtrinkern nicht dauerhaft gelingen. Vielmehr erscheint es notwendig, im Rahmen der allgemeinen Suchtprävention das Argument 'Führerschein' mit einzubringen, der ja eine erhebliche Bedeutung im Alltag der Jugendlichen bzw. jungen Erwachsenen hat.

Auch könnten viele junge Menschen über die Informationen im Zusammenhang mit Trinken und Fahren auf ihr problematisches Trinkverhalten aufmerksam gemacht werden, und es könnte in einigen Fällen quasi über den Bereich 'Fahrerlaubnis' eine allgemeine Suchtprävention initiiert werden. Aus der Praxis der Fahreignungsbegutachtungen ist bekannt, dass viele Kraftfahrer mit generell problematischem Trinkverhalten ihre Alkoholkonsumgewohnheiten erst verändert haben, als der Fahrerlaubnisentzug (nach Trunkenheit) erfolgt war. Eine generelle Verstärkung des Bewusstsein für die Problematik 'Alkohol' bei Jugendlichen und jungen Erwachsenen in der gesamten Bevölkerung ist notwendig. Wenn heute von Jugend und Sucht die Rede ist, geht es in erster Linie um illegale Drogen. Ins Blickfeld sollte zusätzlich gerückt werden, dass Alkohol aber auch unter jungen Menschen die 'Droge Nr. 1' ist und dies eben insbesondere bei den männlichen Jugendlichen. Auch im Bereich der jugendlichen Gesundheitserziehung werden daher geschlechtsspezifische Ansätze beschrieben, die z. B. auf Vermeidung von Disco-Unfällen abzielen (HELFFERICH, 1995).

Die Aufklärung über Alkoholwirkung und die Gefahren im Zusammenhang mit der Teilnahme am Straßenverkehr (evtl. auch Trinkversuche ähnlich wie im 'PAFF') würden aber sicherlich am erfolgreichsten wirken, wenn man sie als Pflichtprogramm z. B. in die Fahrschulausbildung einbauen würde. Dadurch könnte man den gravierenden Nachteil vieler Präventionsmaßnahmen, nämlich genau die Personen nicht zu erreichen, die am meisten davon profitieren würden, ausschalten. Zum anderen ist es sicherlich zwar positiv, wenn Fahrschulen freiwillig derartige Maßnahmen anböten, es bliebe aber die Frage, wie viele Fahrschüler dieses Angebot tatsächlich wahrnehmen würden.

Nicht zuletzt die Kosten spielen heute beim Erwerb der Fahrerlaubnis eine wesentliche Rolle. Die Fahrschulen unterliegen einem starken Konkurrenzdruck, der Preis bestimmt oft die Anzahl der Fahrschüler. Im Vordergrund steht der schnelle und möglichst kostengünstige Erwerb der Fahrerlaubnis. Es bleibt daher anzuzweifeln, inwieweit derartige Zusatzangebote auf freiwilliger Basis mit zusätzlichen Kosten frequentiert würden.

Sinnvoller erscheint daher eine zusätzliche Ausbildung der Fahrschüler ähnlich dem Konzept der "Erste-Hilfe-Ausbildung" (Sofortmaßnahmen am Unfallort). Unter fachlicher – z. B. verkehrspsychologischer – Anleitung könnte in einem solchen Konzept die Problematik 'Alkohol am Steuer' bearbeitet werden und dies eben als Pflichtausbildung. In diesen Zusammenhang könnten auch die Ergebnisse der vorliegenden Untersuchung eingehen. Mit Hilfe eines Fragebogens, der die hier ermittelten kritischen Faktoren (Alkoholkonsummenge, Lebensalter beim ersten Rausch, Trinkverhalten der Peers, Bildungsniveau) und weitere Prädiktoren erfragt, könnten "Risikokandidaten" bereits frühzeitig identifiziert werden. Aufgrund der bisherigen Befunde wäre auch zu überlegen, ob derartige Programme geschlechtsspezifisch durchzuführen wären. Um überhaupt Nutzen aus einer derartigen Erhebung ziehen zu können, müsste die Auswertung aber eher selbsttätig sein. Kein Fahrschüler würde wohl – wenn er ein problematisches Trinkverhalten hat – wahrheitsgemäße Angaben machen, wenn er davon ausginge, dass dies negative Konsequenzen (v. a. beim Fahrerlaubniserwerb) für ihn haben könnte.

Auch wenn ein solches Modell nur schwer durchzusetzen sein dürfte, so wäre es ein sinnvoller Anfang, zumindest in den Rahmen der bestehenden Fahrschulausbildung ein Fragebogensystem zu integrieren, mit dessen Hilfe jeder Fahrschüler auf die ggf. bei ihm bestehenden Risikofaktoren aufmerksam gemacht werden kann. Sicherlich wären andere Erhebungsmethoden, wie z. B. eine Exploration, genauer und könnten eindeutigere Ergebnisse in Bezug auf die Gefährdung des Fahrschülers erbringen (UNDEUTSCH, 1983). Hinweise auf problematisches Trinkverhalten könnten aber bereits mittels Fragebogen gewonnen werden und mit der Erläuterung, dass bestimmte Verhaltens- und Bedingungskonstellationen einen Fahrerlaubnisverlust wahrscheinlicher machen, könnte zumindest ein Angebot zur Veränderung erfolgen.

Auf diesem Wege könnte dann auch die Brücke zur allgemeinen Suchtprävention geschlagen werden. Für die Risikokandidaten in der Fahrschulausbildung sollten dann jedoch weitere suchtspezifische Maßnahmen freiwillig und völlig losgelöst von der Fahrausbildung sein. Auch kann diesen Personen natürlich nicht der Erwerb einer Fahrerlaubnis verwehrt werden, da ein Zusammenhang zwischen Trinkverhalten und Wahrscheinlichkeit von Alkoholfahrten zwar existiert, keineswegs aber ein Automatismus gegeben ist.

Es soll aber noch einmal eindringlich darauf hingewiesen werden, dass derartige Maßnahmen nur dann erfolgreich sein können, wenn sie überleiten in eine allgemeine Beratung hinsichtlich des Alkoholtrinkverhaltens. Nicht die Vermittlung guter Vorsätze (Trinken und Fahren trennen), sondern Suchtprävention erscheint das erfolgversprechende Mittel zur Vermeidung von Trunkenheitsfahrten. An folgendes Modell wäre im Idealfall in der zusätzlichen Fahrausbildung zu denken:

1. Pflichtausbildung, ggf. außerhalb der Fahrschule, ähnlich dem 'Erste-Hilfe-Kurs', zum Komplex Trinken und Fahren (evtl. nach Geschlechtern getrennt) mit folgenden Schwerpunkten:

    a. Informationen zum Thema Alkohol, Wirkungsweisen und Auswirkungen auf den Straßenverkehr, Zusammenhänge zwischen Trinkmengen und Blutalkoholkonzentration, Aufklärung mit allgemein suchtpräventivem Charakter;

    b. Selbstermittlung eines Gefährdungsindex (z. B. Punktescore durch Fragebogen) durch die Fahrschüler;

2. Angebot einer Beratung für die Gefährdeten durch eine unabhängige, von der Fahrausbildung losgelöste Einrichtung (z. B. Suchtberatungsstellen bei Gesundheitsämtern).

Neben einem solchen Fahrausbildungskonzept sollte das Ziel sein, zunächst ein Alkoholverbot für Fahranfänger (mit einem Einschreitwert von 0,05 Promille) einzuführen und über die genannte Aufklärung bzgl. der Zusammenhänge zwischen Trinkmengen und Blutalkoholkonzentrationen zu einer Stigmatisierung von Trunkenheitsfahrten zu gelangen. Zusätzlich würde sich eine Verbesserung der generellen suchtpräventiven Maßnahmen bei Jugendlichen – mit dem Schwerpunkt 'Alkohol' – auch langfristig positiv auf die Anzahl der Alkoholfahrten bei den Fahranfängern auswirken. Die Beratungsangebote und Informationskampagnen für Heranwachsende sollten hierbei die Möglichkeiten einer Verknüpfung von Alkoholprävention und Fahrerlaubnis nutzen.

Aufgabe ist nun, geeignete Konzepte zu entwickeln, die zuvor Genanntes leisten können. Damit derartige Programme/Maßnahmen wirksam sein können, ist die dringlichste Prämisse, endlich den wissenschaftlichen Erkenntnissen entsprechende gesetzliche Rahmenbedingungen zu schaffen, d. h. ein Alkoholverbot für Fahranfänger einzuführen, denn Prävention sollte in erster Linie als primäre Prävention verstanden werden.

LITERATUR

Allerbeck, K. & Hoag, W. J. (1985). *Jugend ohne Zukunft?* München: Piper.

Antons, K. & Schulz, W. (Hrsg.) (1977). *Normales Trinken und Suchtentwicklung.* Bd. 1 und 2. Göttingen: Hogrefe.

Bächli-Biétry, J. (1990). *Erfolgskontrolle von theoretischem Verkehrssinnunterricht im Verlauf der Fahrausbildung.* Bern: bfu-Report 15.

Barthelmess, W. (1990). Fahrerlaubnisrecht und Fahreignung nach Einführung der Fahrerlaubnis auf Probe. *Blutalkohol, 27,* 339-357.

Barthelmess, W. (1999). Fahrerlaubnisprüfung. Eine Bilanz und ein Entwurf für morgen. *Zeitschrift für Verkehrssicherheit, 45(4),* 159-163.

Bartl, G. (1995). Bedürfnisforschung bei jungen Risikofahrern. In R. Risser (Hrsg.), *35. BDP-Kongress für Verkehrspsychologie* (S. 377-384). Bonn: Deutscher Psychologen Verlag.

Bohman, M. (1991). Persönlichkeit in der Kindheit und die Vorhersage des Alkoholmissbrauchs bei jungen Erwachsenen, eine longitudinale, prospektive Studie. In G. Nissen (Hrsg.), *Psychogene Psychosyndrome und ihre Therapie im Kindes- und Jugendalter* (S. 132-142). Bern: Verlag Hans Huber,.

Boecher, W. (1990). Sozialpsychologische und soziokulturelle Aspekte des Alkoholkonsums und der Trunkenheit am Steuer. *Blutalkohol, 27,* 95-105.

Bortz, J. (1989). *Statistik für Sozialwissenschaftler.* Berlin: Springer.

Bourauel, R. (1995). Null Problemo? – Alkohol und Drogen im Straßenverkehr. *Mobil und sicher 1,* 9-11.

Bühl, A. & Zöfel, P. (1999). *SPSS Version 8 - Einführung in die moderne Datenanalyse unter Windows.* Bonn: Addison-Wesley.

Bundesministerium für Gesundheit (1990, 2000). *Repräsentativerhebung zum Konsum und Missbrauch von illegalen Drogen, alkoholischen Getränken, Medikamenten und Tabakwaren.* Bonn.

Bundesministerium für Gesundheit (1991). *Alkoholkonsum und alkoholbezogene Störungen in Deutschland.* Schriftenreihe des BMG, Bd. 128. Baden-Baden: Nomos

Bundesminister für Verkehr, Deutsche Verkehrswacht & Deutscher Verkehrssicherheitsrat (Hrsg.) (1995). *Handbuch für Verkehrssicherheit.* Bonn/Meckenheim.

Bundeszentrale für gesundheitliche Aufklärung (1994). *Die Entwicklung der Drogenaffinität Jugendlicher unter Berücksichtigung des Alkohol-, Medikamenten- und Tabakkonsums – Ergebnisse einer Trendanalyse 1973, 1976, 1979, 1982, 1986, 1990.* Köln.

Bundeszentrale für gesundheitliche Aufklärung (2001). *Die Drogenaffinität Jugendlicher in der Bundesrepublik Deutschland 2001.* Köln.

Bunkowsky, Ch. (1993). Die Fahrerlaubnis auf Probe - Ein psychologischer Beitrag zur Verkehrssicherheit. In G. Kroj, H. Utzelmann & W. Winkler (Hrsg.), *Psychologische Innovationen für die Verkehrssicherheit. 1. Deutscher Psychologentag* (S. 88-92). Bonn: Deutscher Psychologen Verlag.

Christ, R. & Brandstätter, Ch. (1997). Determinanten der Effizienz von Nachschulungsmaßnahmen bei Fahranfängern in Österreich. In B. Schlag (Hrsg.), *Fortschritte der Verkehrspsychologie 1996* (S. 307-322). Bonn: Deutscher Psychologen Verlag.

Claussen, K. E. (1987). Die Promillegrenze in der politischen Diskussion. *Blutalkohol, 24,* 361-368.

Conrad, B. (1997). *Alkoholkonsumverhalten, Externalität und Risikobereitschaft – Eine Untersuchung an Fahranfängern, die im Straßenverkehr auffällig wurden.* Unveröffentlichte Diplomarbeit. Trier: Universität, Fachbereich I, Psychologie.

Degonda, M. (1995). *Konsumverhalten von Männern und Frauen zwischen 20 und 35.* Zürich: Univ. Diss.

Deutsche Hauptstelle gegen die Suchtgefahren (1992, 1997, 2000). *Jahrbuch Sucht.* Geesthacht: Neuland.

Deutscher Verkehrssicherheitsrat (Hrsg.) (1997). *Grundlagenhandbuch für den Radverkehr.* 3. Auflage. Bonn.

Ehret, J. (1992). Der Entzug der Fahrerlaubnis – geniale Erfindung oder Anachronismus. *Blutalkohol, 29,* 89-97.

Emsbach, M. (1998). *Die Aktion: "Darauf fahr ich ab: Trinken und Fahren könnt ihr euch sparen". Evaluation einer Verkehrsaufklärungsmaßnahme für Jugendliche.* Berichte der Bundesanstalt für Straßenwesen, Heft M 99. Bremerhaven: Wirtschaftsverlag NW.

Engel, U. & Hurrelmann, K. (1989). *Psychosoziale Belastung im Jugendalter.* Berlin: Springer.

Erke, H. & Wallewein, A. (1998). Junge Kraftfahrer. In Deutsche Akademie für Verkehrswissenschaft e. V. (Hrsg.), *36. Deutscher Verkehrsgerichtstag 1998* (S. 141-158). Hamburg.

Europäische Beobachtungsstelle für Drogen und Drogensucht (Hrsg.) (1999). *Jahresbericht über den Stand der Drogenproblematik in der Europäischen Union - 1999.* Luxemburg: Amt für amtliche Veröffentlichungen der Europäischen Gemeinschaften.

Evers, C. (2000). Beschreibung und Bewertung von Maßnahmen für Fahranfänger in Europa. Ergebnisse des EU-Projektes DAN ("Description and Analysis of Post Licensing Measures for Novice Drivers"). *Zeitschrift für Verkehrssicherheit, 46(4),* 148-157.

Farke, W., Hurrelmann, K. & Alte-Teigeler, A. (1998). Die vergessene Klientel – suchtgefährdete Jugendliche. *Prävention, H 1, Jg. 21;* 18-21.

Feuerlein, W. (1989). *Alkoholismus – Missbrauch und Abhängigkeit.* Stuttgart: Thieme.

Feuerlein, W., Krasney, O. & Teschke, R. (1991). *Alkoholismus. Eine Information für Ärzte.* Deutsche Hauptstelle gegen die Suchtgefahren (Hrsg.). Hamm.

Feuerlein, W. (1996). *Alkoholismus – Warnsignale, Vorbeugung, Therapie.* München: Beck.

Filipp, S.-H. (Hrsg.) (1990). *Kritische Lebensereignisse.* München: Psycholgie-Verl.-Union.

Fischer, K. A. (1998). Generalprävention und Trunkenheit im Verkehr – Bisherige Erkenntnisse im In- und Ausland. *Blutalkohol, 35*, 204-219.

Follmann, W. (2000). *Prädiktoren nicht-akoholbedingter Verkehrsauffälligkeiten bei Fahranfängern.* Aachen: Shaker.

Franzkowiak, P. (1986). *Risikoverhalten und Gesundheitsbewusstsein bei Jugendlichen.* Berlin: Springer.

Greiser, W. (1987). *Alkohol bei 12-20jährigen Schülern.* Kaiserslautern: Univ. Diss.

Grönert, J. (1990). Zu den Ursachen der geringen Wirkung sozialer Tugenden auf die Verhaltensmuster von Kraftfahrern. *Zeitschrift für Verkehrssicherheit, 36 (4)*, 165-169.

Gruner, W. (1976). Medizinisch-psychiatrische Aspekte des Jugendalkoholismus. Versuch einer Darstellung jugendlicher Alkoholikertypen. *Suchtgefahr, 22*, 53-64.

Haberlandt, M., Höfer, R., Keupp, H., Seitz, R. & Staus, F. (1995). Risiken und Chancen der Entwicklung im Jugendalter. In P. Kolip, K. Hurrelmann & P.-E. Schnabel (Hrsg.), *Jugend und Gesundheit. Interventionsfelder und Präventionsbereiche.* Weinheim: Juventa.

Haffner, H.-Th. (1993). *Alkoholauffällige Verkehrsteilnehmer: epidemiologische Studie mit kritischen Schlussfolgerungen für die Eignungsrichtlinien.* Bonn: Dt. Psychologen-Verlag.

Hamm, M. (1998). Junge Kraftfahrer. In Deutsche Akademie für Verkehrswissenschaft e. V. (Hrsg.). *36. Deutscher Verkehrsgerichtstag 1998* (S. 159-177). Hamburg.

Hansjosten, E. & Schade, F. D. (1997). *Legalbewährung von Fahranfängern.* Berichte der Bundesanstalt für Straßenwesen. Bremerhaven: Wirtschaftsverlag NW.

Havighurst, R. J. (1972). *Developmental Tasks and Education.* New York: Mackay.

Hebenstreit, B. v., Hundhausen, G., Klebe, W., Kroj, G., Spoerer, E., Walther, R., Winkler, W. & Wuhrer, H. (1982). *Kurse für auffällige Kraftfahrer – Schlussbericht.* Bundesanstalt für Straßenwesen, Bereich Unfallforschung. Köln (jetzt Bergisch-Gladbach): BASt.

Hebenstreit, B. v., Ostermaier, Ch., Utzelmann, H. Kajan, G., DeVol, D., Schweflinghaus, W., Wobben, D. & Voss, H. J. (1993). *Auswirkungen des Stufenführerscheins.* Berichte der Bundesanstalt für Straßenwesen. Bremerhaven: Wirtschaftsverlag NW.

Heifer, U., Schyma, Ch. & Hartwig, H. (1995). Alkohol und Straßenverkehrssicherheit – Untersuchungen zur Epidemiologie. *Blutalkohol, 32,* 129-143.

Heiler, G. L. (1990). Junge Fahrer – doch besser als ihr Ruf? *Fahrschule, 11,* S. 7-11.

Heiler, G. L. & Jagow, J. (1992). *Führerschein.* München: Verlag Heinrich Vogel.

Heilig, B. (Hrsg.) (1997). *Der Fahrlehrer als Verkehrspädagoge – Ein Handbuch über die Grundlagen der Fahrschulpädagogik.* München: Verlag Heinrich Vogel.

Heinrich, H. C. (1991). Fehler und Routine von Fahranfängern. *Zeitschrift für Verkehrserziehung, 41,* Heft 1 und 2.

Helfferich, C. (1995). Ansätze geschlechtsbezogener Prävention und Gesundheitsförderung bei Jugendlichen. In P. Kolip, K. Hurrelmann & P.-E. Schnabel (Hrsg.), *Jugend und Gesundheit. Interventionsfelder und Präventionsbereiche.* Weinheim: Juventa.

Hilsenbeck, Th. (1997). Die Alkoholfahrt junger Verkehrsteilnehmer: Epidemiologie und Prävention. In B. Schlag (Hrsg.), *Fortschritte der Verkehrspsychologie 1996* (S. 253-260). Bonn: Deutscher Psychologen Verlag.

Hohn, A. (1992). *Der Zusammenhang zwischen der Art der Kontrollüberzeugung und der Art des Alkoholkonsums bei 15-24jährigen Fahrschülern.* Unveröffentlichte Diplomarbeit. Universität zu Köln, Philosophische Fakultät, Fach Psychologie.

Holly, A, Tuerk, D., Nelson, C., Pfister, H. & Wittchen, H.-U. (1997). Prävalenz von Alkoholkonsum. *Zeitschrift für Klinische Psychologie, 26 (3),* 171-178.

Hoppe, A. & Tekaat, A. (1995). *Disco-Busse.* Berichte der Bundesanstalt für Straßenwesen, M42. Bergisch Gladbach: BASt.

Hoppe, R., Nöcker, G., Franzkowiak, P., Schröder, I., Studsholt, P., Dederischs, E., Seemann, H.-P., Hammer, U. & Franke, K. D. (1998). *Vom Risikoverhalten zur Risikokompetenz. Neue Impulse zur Verbesserung der Verkehrssicherheit bei jungen Erwachsenen.* Gesellschaft für Öffentlichkeitsarbeit der deutschen Brauwirtschaft e. V. (Hrsg.). Bremerhaven: Wirtschaftsverlag NW.

Hornstein, W. (1996). Jugend: "Aktuelle Sozialisationsbedingungen Jugendlicher". In Bundesanstalt für Straßenwesen (Hrsg.), *Junge Fahrer und Fahrerinnen. Referate der Ersten Interdisziplinären Fachkonferenz 12. - 14. Dezember in Köln* (S. 21- 29). Bremerhaven: Wirtschaftsverlag NW.

Hort, W., Hort, H. & Grabellus, F. (1997). Freizeitverhalten und Alkoholkonsum bei Hauptschülern. *Prävention, 20 (2)*; S. 51-53.

Hurrelmann, K. (1997). *Lebensphase Jugend. Eine Einführung in die sozialwissenschaftliche Jugendforschung.* Weinheim: Juventa.

Iffland, R., Balling,P., Grassnack, F. & Krambrich, T. (1995). Indikatoren für Alkoholabusus bei Trunkenheitsfahrerinnen. *Blutalkohol, 32,* 144-161.

Jacobsen, G., Stallmann, M. & Skiba, E. G. (1987). *Jugend und Alkohol. Ergebnisse einer Befragung Berliner Jugendlicher zum Alkoholkonsum.* Berlin: Springer.

Jacobsen, G. (1994). Jugendliche und Alkohol: Warum trinken sie eigentlich? *Suchtreport, 6,* S. 7-13.

Jacobshagen, W. (1997). *Nachschulungskurse für alkoholauffällige Fahranfänger (NAFA) – Kurspraxis, Wirksamkeit und Akzeptanz.* Köln: Verlag TÜV Rheinland.

Jellinek, E. M. (1969). *The Disease Concept of Alcoholism.* New York: Hillhouse Press.

Jessor, R. & Jessor, S. (1975). Adolescent Development and the Onset of Drinking. *J.Stud.Alc., 36,* 27-51.

Kaba, A. (1996). Evaluation der BAK-Beschränkung für Fahranfänger in Österreich? In Bundesanstalt für Straßenwesen (Hrsg.), *Junge Fahrer und Fahrerinnen. Referate der Ersten interdisziplinären Fachkonferenz 12. – 14. Dezember in Köln* (S. 181-191). Bremerhaven: Wirtschaftsverlag NW.

Keskinen, E. (1996). Warum ist die Unfallrate jungen Fahrerinnen und Fahrer höher? In Bundesanstalt für Straßenwesen (Hrsg.), *Junge Fahrer und Fahrerinnen. Referate der Ersten interdisziplinären Fachkonferenz 12. – 14. Dezember in Köln* (S. 42-53). Bremerhaven: Wirtschaftsverlag NW.

Kolip, P. (Hrsg.) (1994). *Lebenslust und Wohlbefinden. Beiträge zur geschlechtsspezifischen Jugendgesundheitsforschung.* Weinheim: Juventa.

Kolip, P., Nordlohne, E. & Hurrelmann, K. (1995). Der Jugendgesundheitssurvey 1993. In P. Kolip, K. Hurrelmann & P.-E. Schnabel (Hrsg.), *Jugend und Gesundheit. Interventionsfelder und Präventionsbereiche.* Weinheim: Juventa.

Kraftfahrt-Bundesamt (2000). *Pressebericht.* Flensburg.

Kratz, M. (1990). *Einstellungen und Haltungen von jungen alkoholauffälligen Fahranfängern im Vergleich zu nichtalkoholauffälligen Fahranfängern.* Unveröffentlichte Diplomarbeit. Psychologisches Institut der Universität zu Köln.

Kretschmer-Bäumel, E. & Pfafferott, I. (1986). Selbstbild und Fahrstil von Pkw-Fahrern. *Zeitschrift für Verkehrssicherheit, 1,* 57-59.

Kroj, G. (1996). Ziel und Zweck der Konferenz. In Bundesanstalt für Straßenwesen (Hrsg.), *Junge Fahrer und Fahrerinnen. Referate der Ersten interdisziplinären Fachkonferenz 12. – 14. Dezember in Köln* (S. 17-20). Bremerhaven: Wirtschaftsverlag NW.

Krüger, H.-P. & Schöch, H. (1993). Absenkung der Promillegrenze. Ein zweifelhafter Beitrag zur Verkehrssicherheit. *DAR,* 334-343.

Krüger, H.-P., Braun, P., Kazenwadel, J., Weiß, J. & Vollrath, M. (1998). *Soziales Umfeld, Alkohol und junge Fahrer.* Berichte der Bundesanstalt für Straßenwesen, Heft M88. Bremerhaven: Wirtschaftsverlag NW.

Küfner, H. (1990). Alkohol und Alkoholmissbrauch sozialwissenschaftlich betrachtet. In E. Schwefel (Hrsg.), *Legale Droge Alkohol: Forschungs- und Literaturdokumentation 1980-1989*. Bonn: Eigenverlag Informationszentrum Sozialwissenschaften.

Kühnen, M. A. & Pöppel-Decker, M. (1995). *Regionalstruktur nächtlicher Freizeitunfälle junger Fahrer*. Berichte der Bundesanstalt für Straßenwesen, M38. Bergisch Gladbach: BASt.

Küster, U. & Reiter, K. (1987). *Technikwissen und Fahrverhalten junger Fahrer – Eine empirische Studie*. Bundesanstalt für Straßenwesen, Bereich Unfallforschung. Bergisch Gladbach: BASt.

Kunkel, E. (1985). Angaben zum Trinkverhalten. Soziales Trinken und Blutalkoholkonzentrationen. *Blutalkohol, 22*, 341-356.

Lange, E. (1991). *Jugendkonsum*. Opladen: Leske & Budrich.

Legat, S. (1987). Trunkenheitsfahrer von 21 bis 25 Jahren: Daten zu ihrer Charakteristik. *Blutalkohol, 24*, 391-427.

Leppin, A. (1995). Gesundheitsförderung in der Schule. In P. Kolip, K. Hurrelmann & P.-E. Schnabel (Hrsg.), *Jugend und Gesundheit. Interventionsfelder und Präventionsbereiche*. Weinheim: Juventa.

List, H. (1987). Fahrerlaubnis auf Probe und die Nachschulung aufgefallener Fahranfänger. In Gemeinschaftsveranstaltung von TÜV Hannover, TÜV Rheinland und Rheinisch-Westfälischem TÜV am 27. November in Essen. *Kurse für auffällige Kraftfahrer*. Köln: Verlag TÜV Rheinland GmbH.

List, H. & Heiler, G. L. (1989). *Führerschein*. München: Vogel-Verlag.

Maarthiens, W. & Schulze, H. (1989). *Analyse nächtlicher Freizeitunfälle junger Fahrer (Disco-Unfälle)*. Bundesanstalt für Straßenwesen, Bereich Unfallforschung. Bergisch-Gladbach: BASt.

Maginot, R. (1996). Grußwort der Deutschen Verkehrswacht. In Bundesanstalt für Straßenwesen (Hrsg.), *Junge Fahrer und Fahrerinnen. Referate der Ersten interdisziplinären Fachkonferenz 12. – 14. Dezember in Köln* (S. 11). Bremerhaven: Wirtschaftsverlag NW.

Malchau, J. (1991). *Discoflash im Ambiente von Drogen, Gewalt und Banane*. Weinheim: Juventa.

Mallach, H. J., Hartmann, H. & Schmidt, V. (1987). *Alkoholwirkung beim Menschen: Pathophysiologie, Nachweis, Intoxikation, Wechselwirkungen*. Stuttgart: Georg Thieme Verlag.

Mansel, J. & Hurrelmann, K. (1991). *Jugendliche im Alltagsstress. Probleme des Statusübergangs Schule-Beruf*. Weinheim: Juventa.

Mayntz, G. (1997). Verhaltensbeeinflussung bei Fahranfängern zur Reduktion des Unfallrisikos. In B. Schlag (Hrsg.), *Fortschritte der Verkehrspsychologie 1996* (S. 261-272). Bonn: Deutscher Psychologen Verlag.

Meewes, V. & Weißbrodt, G. (1992). *Führerschein auf Probe – Auswirkungen auf die Verkehrssicherheit.* Bundesanstalt für Straßenwesen, Unfall- und Sicherheitsforschung Straßenverkehr. Bremerhaven: Wirtschaftsverlag NW.

Molketin, R. (1988). Maßregeln zur Besserung und Sicherung, insbesondere die Entziehung der Fahrerlaubnis bei Jugendlichen und Heranwachsenden. *Blutalkohol, 22,* 310-318.

Müller, A. (1976). *Der Trunkenheitstäter im Straßenverkehr der Bundesrepublik Deutschland. Beiträge zur empirischen Kriminologie,* Bd. 3. Frankfurt: Lang.

Müller, D. (2000). Alkoholverbot für Fahranfänger in der Probezeit – ein Diskussionsbeitrag. *Neue Zeitschrift für Verkehrsrecht, 10,* 401-408.

Müller, D. (2001). Fahranfänger und das Unfallrisiko Alkohol. *Zeitschrift für Verkehrssicherheit, 47, 1,* 20-22.

Nordlohne, E. (1992). *Die Kosten jugendlicher Problembewältigung – Alkohol, Zigaretten- und Arzneimittelkonsum im Jugendalter.* Weinheim: Juventa.

Ottmann, A. & Kerwien, H. (1997). Betrachtung der Führerscheinausbildung hinsichtlich jugend- bzw. entwicklungsspezifischer Inhalte. In B. Schlag (Hrsg.), *Fortschritte der Verkehrspsychologie 1996* (S. 247-251). Bonn: Deutscher Psychologen Verlag.

Panosch, E. (1997). Sonderformen der Nachschulung von Fahranfängern in Österreich. In B. Schlag (Hrsg.), *Fortschritte der Verkehrspsychologie 1996* (S. 301-305). Bonn: Deutscher Psychologen Verlag.

Paschke, S. & Pfafferott, I. (1994). *Meinungen und Einstellungen deutscher Autofahrerinnen im europäischen Vergleich: deutscher Ergebnisbericht zur internationalen SARTRE-Studie.* Bonn: Deutscher Psychologen Verlag.

Perrine, M. W. (1975). *The Vermont driver profile. A psychometric approach to early indentification of potential high-risk drinking drivers.* Proceedings of Sixth International Conference on Alcohol, Drugs & Traffic Safety.

Pfafferott, I. (1993). "Trinken und Fahren" bei unterschiedlichen BAK-Grenzwerten in Europa. *Blutalkohol, 30,* 21-28.

Pfeiffer, M. & Hautzinger, H. (2001). *Auswirkungen der Verkehrsüberwachung auf die Befolgung von Verkehrsvorschriften.* Berichte der Bundesanstalt für Straßenwesen, Heft M126. Bremerhaven: Wirtschaftsverlag NW.

Poppelreuter, S. & DeVol, D.M. (1998). PAFF – Pilotprojekt Alkoholprävention bei Fahrschülern und Fahranfängern. Ein neuer Weg verkehrspsychologischer Intervention. In Bundesanstalt für Straßenwesen (Hrsg.), *Driver Improvement. 6. Internationaler Workshop* (S. 408-414). Berichte der Bundesanstalt für Straßenwesen, M93. Bremerhaven: Wirtschaftsverlag NW.

Poppelreuter, S., DeVol, D. M. & Salk, J. (2001). Pilotprojekt Alkoholprävention bei Fahrschülern und Fahranfängern (PAFF). *Blutalkohol, 38,* 407-425.

Preusser, D. F. (1988). Delaying Teenage Licensure. *Alcohol, Drugs and Driving, 4,* 283-295.

Raule, P. (1990). Auswirkungen des Alkohols auf den menschlichen Körper und die Psyche. In Deutscher Verkehrssicherheitsrat und Hauptverband der gewerblichen Berufsgenossenschaften (Hrsg.), *Info-Mappe Alkohol im Betrieb und im Straßenverkehr.* Bonn.

Reitzle, M. (1987). *Alkoholkonsum und Selbstbewertung Jugendlicher.* Berlin: Techn. Univ. Diss.

Reuband, K.-H. (1989). Drogen- und Alkoholkonsum bei Jugendlichen. In M. Markefka & R. Nave-Herz (Hrsg.), *Handbuch der Familien- und Jugendforschung: Bd. 2: Jugendforschung* (S. 757-778). Neuwied: Luchterhand..

Rothe, J. P. (1986). *Lifestyle and Driving Survey.* Canada: Insurance Corporation of British Columbia.

Ruby, M. (1991). Der jugendliche alkoholauffällige Kraftfahrer. *Psychologie in Österreich, 11 (2-3),* S. 47-49.

Runge, H. (1996). Auf der Suche nach der Freiheit? Alkohol und junge Fahrer. In Bundesanstalt für Straßenwesen (Hrsg.), *Junge Fahrer und Fahrerinnen. Referate der Ersten interdisziplinären Fachkonferenz 12. – 14. Dezember in Köln* (S. 132-137). Bremerhaven: Wirtschaftsverlag NW.

Schade, F. D., Emsbach, M. & Hansjosten, E. (1995). *Entwicklung einer nutzerorientierten Grundstatistik zum Verkehrszentraleregister.* Flensburg/BASt-Projekt. Unveröffentlichter Bericht.

Schlag. B., Ellinghaus, D. & Steinbrecher, J. (1986). *Risikobereitschaft junger Fahrer.* Bergisch-Gladbach: BASt.

Schlag, B. & Schleger, A. (1994). Fahrsozialisation im internationalen Vergleich. In A. Flade & K. Kalwitzki (Hrsg.), *Mobilitätsverhalten. Bedingungen und Veränderungsmöglichkeiten aus umweltpsychologischer Sicht* (S. 195-205). Psychologie Verlags Union, Weinheim.

Schirm, R. W. (1989). *Neuro-biologische Ursachen-Analyse – Statement zum Programm "Jugend fährt sicher".* München.

Schmidt, P., Freudenstein, P. & Bonte, W. (1990). Female DWI-Delinquency and Chronic Alcoholism in Düsseldorf. *Blutalkohol, 27,* 358-369.

Schmidt-Denter, U. (1994). *Soziale Entwicklung.* Weinheim: Beltz Psychologie-Verl.-Union.

Schnabel, P.-E. (1995). Sozialisation und gesunde Entwicklung im Kindes- und Jugendalter. In P. Kolip, K. Hurrelmann & P.-E. Schnabel (Hrsg.), *Jugend und Gesundheit. Interventionsfelder und Präventionsbereiche.* Weinheim: Juventa.

Schneble, H. (1993). Vertane Jahre. *Blutalkohol, 30,* 21-28.

Schützenhöfer, A. (1997). "Verkehrsauffällige", ein psychologisches oder pädagogisches Problem? In B. Schlag (Hrsg.), *Fortschritte der Verkehrspsychologie 1996* (S. 323-326). Bonn: Deutscher Psychologen Verlag.

Schulze, H. (1985). *Freizeitstile Jugendlicher.* Dissertation. Bonn: Universität.

Schulze, H. (1990). Nächtliche Freizeitunfälle junger Fahrer. *Zeitschrift für Verkehrssicherheit, 36,* 139-141.

Schulze, H. (1996). *Lebensstil und Verkehrsverhalten junger Fahrer und Fahrerinnen.* Bundesanstalt für Straßenwesen, M56. Bremerhaven: Wirtschaftsverlag NW.

Schulze, H. (1998). *Nächtliche Freizeitunfälle junger Fahrerinnen und Fahrer.* Berichte der Bundesanstalt für Straßenwesen, Bereich Unfallforschung. Bremerhaven: Wirtschaftsverlag NW.

Schulze, H. (1999). *Lebensstil, Freizeitstil und Verkehrsverhalten 18- bis 34-jähriger Verkehrsteilnehmer.* Bundesanstalt für Straßenwesen, M103. Bremerhaven: Wirtschaftsverlag NW.

Seidl, S., Scheller, M. & Reinhardt, G. (1996). Die Selbsteinschätzung der Höhe der BAK bei akuter Alkoholisierung. *Blutalkohol, 33,* 23-30.

Silbereisen, R. K. (1990). Konsum von Alkohol und Drogen über die Lebensspanne. In R. Schwarzer (Hrsg.), *Gesundheitspsychologie* (S. 169-184). Göttingen: Hogrefe.

Slater, P. (1970). *The Pursuit of Loneliness.* Boston: Beacon Press.

Spoerer, E., Ruby, M. & Hess, E. (Hrsg.) (1987). *Nachschulung und Rehabilitation verkehrsauffälliger Kraftfahrer. Dokumentation von Kursen und der Literatur zum Driver Improvement.* Braunschweig: Rot-Gelb-Grün.

Spoerer, E. & Kratz, M. (1991). Vier Jahre Erfahrung mit der Nachschulung von alkoholauffälligen Fahranfängern (Inhaber einer Fahrerlaubnis auf Probe). *Blutalkohol, 28 (5),* 333-342.

Staak, M., Berghaus, G. & Tenbrock, F. (1988). Alkoholkranke Frauen im Straßenverkehr. *Blutalkohol, 25,* 281-288.

Statistisches Bundesamt (1992). *Bevölkerungsstruktur und Wirtschaftskraft der Bundesländer.* Stuttgart: Metzler-Poeschel.

Statistisches Bundesamt (1997, 2000). *Statistisches Jahrbuch für die Bundesrepublik Deutschland.* Wiesbaden.

Steinhausen, H.-Ch. (1993). *Psychische Störungen bei Kindern und Jugendlichen.* München: Urban & Schwarzenberg.

Stephan, E. (1986). Die Legalbewährung von nachgeschulten Alkoholersttätern in den ersten zwei Jahren unter Berücksichtigung ihrer BAK-Werte. *Zeitschrift für Verkehrssicherheit, 23 (1),* 2-9.

Stephan, E. (1988a). Trunkenheitsdelikte im Verkehr und Alkoholmissbrauch. *Blutalkohol, 25*, 201-227.

Stephan, E. (1988b). *Wirksamkeit der Nachschulungskurse bei erstmals alkoholauffälligen Kraftfahrern – Bestandsaufnahme nach drei Jahren.* Forschungsberichte der Bundesanstalt für Straßenwesen – Bereich Unfallforschung. Bergisch-Gladbach: BASt.

Stephan, E. (1988c). Null Promille für Fahranfänger: Eine psychologisch sinnvolle Forderung?. In B. Kastner (Hrsg.), *Fortschritte der Verkehrspsychologie.* Bonn: Deutscher Psychologen Verlag.

Stephan, E. (1993). Alkoholerkrankung und Alkoholabhängigkeit: "Unbestimmte naturwissenschaftliche Begriffe". *Neue Zeitschrift für Verkehrsrecht, 4*, 129-139.

Stern, J. & Schlag, B. (2001). Akzeptanz von Verkehrssicherheitsmaßnahmen durch 18-24jährige Autofahrer. *Zeitschrift für Verkehrssicherheit, 47,1*, 23-29.

Stimmer, F. & Müller-Teusler, S. (1999). *Jugend und Alkohol.* Wuppertal: Blaukreuz-Verlag.

Studienstelle der Bundesvereinigung der Fahrlehrerverbände e. V. (1998). Die neuen fahrlehrerrechtlichen Verordnungen. Sonderbeilage in *Fahrschule, 9.* München.

Thaler, H. (1977). Voraussetzungen für den alkoholischen Leberschaden. *Therapiewoche, 27*, 6580-6587.

Tölle, R. (1990). *Psychiatrie.* Berlin: Springer.

Töppich, J. & Christiansen, G. (1996). Entwicklungstrends gesundheitlichen Risikoverhaltens bei Jugendlichen und jungen Erwachsenen. In Bundesanstalt für Straßenwesen (Hrsg.), *Junge Fahrer und Fahrerinnen. Referate der Ersten interdisziplinären Fachkonferenz 12. – 14. Dezember in Köln* (S. 65-71). Bremerhaven: Wirtschaftsverlag NW.

Undeutsch, U. (1980). Der Beitrag der Verkehrspsychologie in den achtziger Jahren. *Zeitschrift für Verkehrssicherheit, 26* (1), 2.

Undeutsch, U. (1983). Exploration. In H. Feger & J. Bredenkamp (Hrsg.), *Datenerhebung* (S. 321-361). Serie: Enzyklopädie der Psychologie, Themebereich B, Serie I, Band 2. Göttingen: Hogrefe.

Undeutsch, U. (1987). Alkohol und Fahrtauglichkeit. *Forensia, 8* (1), 1-18.

Undeutsch, U. (1990). Die Prognose der von einem Kraftfahrer ausgehenden Gefahren. In H. Häcker & W.-R. Nickel (Hrsg.), *Fahrverhalten und Verkehrsumwelt. Psychologische Analysen im interdisziplinären Feld.* Bonn: Deutscher Psychologen Verlag.

Vierboom, C. (1989a). Initiationsstrukturen im Zusammenhang mit der Fahrerlaubnis. In *Fortschritte der Verkehrspsychologie, 29. Fortbildungsveranstaltung.* Bonn: Deutscher Psychologen Verlag.

Vierboom, C. (1989b). *Psychologische Formen des Umgangs mit den neuen Fahrerlaubnisregelungen*. Bundesanstalt für Straßenwesen, Bereich Unfallsforschung. Bergisch Gladbach: BASt.

Weich, G. (1998). Junge Kraftfahrer. In Deutsche Akademie für Verkehrswissenschaft e. V. (Hrsg.), *36. Deutscher Verkehrsgerichtstag 1998* (S. 178-184). Hamburg.

Weißbrodt, G. (1989). *Fahranfänger im Straßenverkehr*. Bundesanstalt für Straßenwesen, Schriftenreihe Unfall- und Sicherheitsforschung Straßenverkehr. Bremerhaven: Wirtschaftsverlag NW.

Werwath, C., Bornemann, K., Wischhusen, F. & Püschel, K. (2000). Wiederholungsdelinquenz alkoholisierter Kraftfahrer in Hamburg. *Blutalkohol, 37*, S. 126-133.

Williams, A. F. (1996). Gesetzliche Auflagen für Fahranfänger. In Bundesanstalt für Straßenwesen (Hrsg.), *Junge Fahrer und Fahrerinnen. Referate der Ersten interdisziplinären Fachkonferenz 12. – 14. Dezember in Köln* (S. 218-223). Bremerhaven: Wirtschaftsverlag NW.

Winkler, W. (1985). Alkoholauffällige Fahranfänger. *Blutalkohol, 22*, 440-454.

Wittchen, H. U., Beloch, E., Garczynski, E., Holly, A., Lachner, G., Perkonnig, A., Vodermaier, A., Vossen, A., Wunderlich, U. & Zieglgänsberger, S. (1995). *Münchner Composit International Diagnostic Interview (M-CIDI), Version 2.2*. München: Max-Planck-Institut für Psychiatrie, Klinisches Institut.

Zeiler, H. C. (1993). Frauen und Trunkenheitsfahrten. *Blutalkohol, 30*, 30-42.

UNIVERSITÄT ZU KÖLN
PSYCHOLOGISCHES INSTITUT

Direktor Prof. Dr. Egon Stephan

Herbert-Lewin-Str. 2
5000 Köln 41 (Lindenthal)

1. Die Einführung des Führerscheins auf Probe finde ich

völlig richtig	eher richtig	unentschieden	eher falsch	völlig falsch
o	o	o	o	o

2. Ich habe bereits _____ Fahrstunden absolviert und will die Fahrerlaubnis der Klasse(n) _____ erwerben. (Bitte Klasse(n) eintragen)

3. Haben Sie bereits einen Führerschein einer anderen Klasse erworben?
   o nein
   ja, und zwar (Zutreffendes bitte ankreuzen)
   o Führerschein Klasse 1
   o Führerschein Klasse 1 a
   o Führerschein Klasse 1 b
   o Führerschein Klasse 2
   o Führerschein Klasse 3
   o Führerschein Klasse 4
   o Führerschein Klasse 5

4. Ich persönlich habe

sehr viel Angst	viel Angst	weder viel noch wenig	wenig Angst	sehr wenig Angst
o	o	o	o	o

   meinen Führerschein auf Probe wieder zu verlieren.

5. Am ehesten könnte ich mit vorstellen, daß ich wegen
   o eines Punktedelikts (ohne Alkohol)
   o Alkohol am Steuer
   o eines Unfalls
   meinen Führerschein auf Probe verlieren könnte.

6. Welches Auto werden Sie fahren?
   Voraussichtlich werde ich die nächsten Jahre hauptsächliche einen
   _____ fahren.
   (z.B. Golf, Diesel, PS ...)

   Am liebsten würde ich einen _____ fahren.

7. Wenn Geld keine Rolle spielte, welche Sonderausstattungen würden Sie sich für Ihr Auto wünschen, vorausgesetzt Sie hätten das passende Auto? Mehrfachnennungen sind möglich.

- o keine Sonderausstattung
- o Heckspoiler
- o elektrische Fensterheber
- o Stahlschiebedach
- o Hochgeschwindigkeitsreifen
- o Kimaanlage
- o heizbare Autositze
- o Sportlenkrad
- o Radio mit Stereoanlage

- o andere Sonderausstatt. _____
  _____
  _____

8. Wenn Geld keine Rolle spielte, welche Sportarten würden Sie dann am liebsten ausüben? Mehrfachnennungen sind möglich.

- o Segelfliegen
- o Golf
- o Tennis
- o Autorennsport
- o Segeln
- o Abfahrtski
- o Drachenfliegen

- o Angeln
- o Kegeln
- o Wildwasserkajak
- o Fallschirmspringen
- o Polo
- o Surfen
- o Karate

9. Wenn man keinen Unfall hat, ist in unserer Gegend die Gefahr, daß man wegen Alkohol kontrolliert wird

sehr gering	eher gering	eher durchschnittlich	eher hoch	sehr hoch
o	o	o	o	o

10. Alkohol und Versicherungsprämien

Man überlegt sich zur Zeit, ob man Kraftfahrern, die sich freiwillig verpflichten, überhaupt keinen Alkohol zu trinken, wenn sie mit dem Kfz unterwegs sind, eine niedrigere Versicherungsprämie einzuräumen. Nun wüßten wir gerne, wie Sie das sehen. Bitte kreuzen Sie das für Sie Zutreffende an:

Wenn ich als Anfänger die Möglichkeit hätte, direkt mit 100% Versicherungsbeitrag statt mit 150% anzufangen, würde ich mich gerne schriftlich dazu verpflichten, keinen Alkohol zu trinken, wenn ich fahre:

Ja	Nein	Weiß nicht
o	o	o

11. Es interessiert mich auch, was Sie allgemein für eine Einstellung zu Straßenverkehr, Auto, Unfällen und zum Freizeitbereich haben.

Auf den folgenden Seiten finden Sie eine Reihe von Aussagen. Bitte geben Sie für jede Aussage an, wie sehr Sie diese für richtig oder falsch halten.

Es gibt keine richtigen oder falschen Antworten! Weil jeder das Recht auf eine eigene Meinung hat, können Sie nichts falsch machen. Es zählt nur Ihre Meinung! Lassen Sie keine Aussage aus, kreuzen Sie auf jeden Fall die für Sie am ehesten zutreffende Antwortmöglichkeit an.

Wie ich mich im Straßenverkehr auch verhalte, ist nicht so wichtig wie Pech oder Glück.

völlig richtig	eher richtig	unentschieden	eher falsch	völlig falsch
o	o	o	o	o

Für einen flüssigen Verkehrsablauf sind die meisten Verkehrszeichen mehr hinderlich als nützlich.

völlig richtig	eher richtig	unentschieden	eher falsch	völlig falsch
o	o	o	o	o

Ich kann mir sehr gut vorstellen, auch ohne Ziel, nur so zum Spaß, mit dem Auto oder dem Motorrad durch die Gegend zu fahren.

völlig richtig	eher richtig	unentschieden	eher falsch	völlig falsch
o	o	o	o	o

Autofahrer, die zehn Jahre unfallfrei gefahren sind, haben hauptsächlich Glück gehabt.

völlig richtig	eher richtig	unentschieden	eher falsch	völlig falsch
o	o	o	o	o

In meiner Freizeit sehe ich mir gerne Auto- oder Motorradrennen an.

völlig richtig	eher richtig	unentschieden	eher falsch	völlig falsch
o	o	o	o	o

Wenn die Polizei will, findet sie bei einer Kontrolle immer irgendeine Macke am Auto.

völlig richtig	eher richtig	unentschieden	eher falsch	völlig falsch
o	o	o	o	o

Ein guter Autofahrer fährt spontan, je nach Verkehrssituation, und übertritt notfalls eine Verkehrsregel.

völlig richtig	eher richtig	unentschieden	eher falsch	völlig falsch
o	o	o	o	o

Wenn das Schicksal es so will, hat man einen Unfall, da kann man machen, was man will.

völlig richtig	eher richtig	unentschieden	eher falsch	völlig falsch
o	o	o	o	o

Oft schaffe ich es nicht, all die Dinge zu erledigen, die ich mir für einen Tag vorgenommen habe, weil die Zeit einfach nicht reicht.

völlig richtig	eher richtig	unentschieden	eher falsch	völlig falsch
o	o	o	o	o

Es macht mir sehr viel Spaß, Achterbahn zu fahren.

völlig richtig	eher richtig	unentschieden	eher falsch	völlig falsch
o	o	o	o	o

Die meisten Unfälle geschehen durch ungünstige Umstände, auf die man keinen Einfluß hat.

völlig richtig	eher richtig	unentschieden	eher falsch	völlig falsch
o	o	o	o	o

Manche Leute sind Glückspilze und werden nie mit Alkohol am Steuer erwischt, obwohl sie oft getrunken haben, andere "erwischt" es beim ersten Mal.

völlig richtig	eher richtig	unentschieden	eher falsch	völlig falsch
o	o	o	o	o

Es macht mir Spaß, ein Auto sportlich zu fahren.

völlig richtig	eher richtig	unentschieden	eher falsch	völlig falsch
o	o	o	o	o

Wenn die Polizei es auf einen abgesehen hat, bekommt man Punkte, egal wie man sich verhält.

völlig richtig	eher richtig	unentschieden	eher falsch	völlig falsch
o	o	o	o	o

Ob ich mit dem Auto einen Unfall habe oder nicht, hat mit meinem fahrerischen Können nicht viel zu tun.

völlig richtig	eher richtig	unentschieden	eher falsch	völlig falsch
o	o	o	o	o

Keiner macht alles richtig, deshalb kann jeder Punkte bekommen.

völlig richtig	eher richtig	unentschieden	eher falsch	völlig falsch
o	o	o	o	o

Geschwindigkeitsbegrenzungen sind nur für besonders unsichere Autofahrer nötig.

völlig richtig	eher richtig	unentschieden	eher falsch	völlig falsch
o	o	o	o	o

In meiner Freizeit sehe ich mir gern "Action-Filme" an.

völlig richtig	eher richtig	unentschieden	eher falsch	völlig falsch
o	o	o	o	o

Wenn man ein bißchen aufpaßt und nicht am Fahrzeug "herummacht", bekommt man auch keine Punkte.

völlig richtig	eher richtig	unentschieden	eher falsch	völlig falsch
o	o	o	o	o

Man kann ruhig etwas riskieren, die Polizei kann sowieso nicht überall sein.

völlig richtig	eher richtig	unentschieden	eher falsch	völlig falsch
o	o	o	o	o

Beim Autofahren gehört ein gewisser Nervenkitzel einfach dazu.

völlig richtig	eher richtig	unentschieden	eher falsch	völlig falsch
o	o	o	o	o

12. Vereinsmitgliedschaft

Sind Sie Mitglied in einer oder mehreren Vereinigungen (Verein, Club usw.)?
o   nein
o   ja, und zwar: _____

(Zutreffendes bitte eintragen, z.B. Kegelverein, Fußballclub, Schützenverein usw.)

13. Geschwindigkeitsbegrenzungen

Wie Sie vielleicht wissen, besteht in der DDR eine allgemeine Geschwindigkeitsbegrenzung auf Autobahnen von 100 Stundenkilometern. Welche Regelung finden Sie persönlich besser?

Ich finde die Regelung besser, die in der DDR besteht (eine allgemeine Geschwindigkeitsbegrenzung von 100 Stundenkilometern)

völlig richtig	eher richtig	unentschieden	eher falsch	völlig falsch
o	o	o	o	o

Ich finde die Regelung besser, die in der Bundesrepublik Deutschland besteht (keine Geschwindigkeitsbegrenzung)

völlig richtig	eher richtig	unentschieden	eher falsch	völlig falsch
o	o	o	o	o

14. Promillegrenzen

Wie Sie vielleicht wissen, besteht für den Straßenverkehr in der DDR für Kraftfahrer eine 0,0 Promille-Bestimmung. Wenn es zu einer gesamtdeutschen Regelung kommt, was würden Sie dann bevorzugen?

Ich fände es am besten, wenn dann für alle die 0,0 Promille-Bestimmung gelten würde, wie sie zur Zeit in der DDR gültig ist.

völlig richtig	eher richtig	unentschieden	eher falsch	völlig falsch
o	o	o	o	o

Ich fände es am besten, wenn dann für alle die 0,8 Promille-Grenze gelten würde, wie sie zur Zeit in der BRD gültig ist.

völlig richtig	eher richtig	unentschieden	eher falsch	völlig falsch
o	o	o	o	o

Ich fände es am besten, wenn dann als Kompromiß eine 0,5 Promille-Grenze für alle eingeführt würde.

völlig richtig	eher richtig	unentschieden	eher falsch	völlig falsch
o	o	o	o	o

15. Vor kurzem wurde von den Gerichten die Grenze der absoluten Fahruntüchtigkeit von 1,3 Promille auf 1,1 Promille gesenkt. Wie beurteilen Sie diese Veränderung?

völlig richtig	eher richtig	unentschieden	eher falsch	völlig falsch
o	o	o	o	o

16. Wieviel Gläser Bier muß ein Mann / eine Frau mit 70 kg Körpergewicht etwa trinken, um "sicher" folgende Promillewerte zu erreichen bzw. zu überschreiten:

<u>ein Mann:</u>

0,5 Promille = __ Gläser Bier à 0,2

0,8 Promille = __ Gläser Bier à 0,2

1,1 Promille = __ Gläser Bier à 0,2

<u>eine Frau:</u>

0,5 Promille = __ Gläser Bier à 0,2

0,8 Promille = __ Gläser Bier à 0,2

1,1 Promille = __ Gläser Bier à 0,2

17. Wie oft trinken Sie folgende Getränke? Bitte kreuzen Sie alles Zutreffende durch:

	(fast) täglich	mehrmals in der Woche	mehrmals im Monat	seltener als einmal im Monat	nie oder weniger als 1x/Jahr
Tee	A	B	C	D	E
Kaffee	A	B	C	D	E
Kakao oder ähnliches	A	B	C	D	E
Limonade, Säfte, Cola	A	B	C	D	E
Mineral-wasser	A	B	C	D	E
Bier (auch Misch-getränke wie Cola-Hellbier)	A	B	C	D	E
Wein / Sekt	A	B	C	D	E
Spirituosen (wie Whisky, Schnäpse, usw.)	A	B	C	D	E

Im Vergleich zu Gleichaltrigen trinke ich:
o   weniger Alkohol
o   genauso viel Alkohol
o   mehr Alkohol

Eine Wirkung des Alkohols verspüre ich nach: _____
z.B. 3 Gläser (0,2 l) Bier

18. Wann und wie oft trinken Sie Alkohol? Bitte kreuzen Sie das Zutreffende durch:

	(fast) täglich	mehrmals in der Woche	mehrmals im Monat	seltener als einmal im Monat	nie oder weniger als 1x/Jahr
zuhause zum Essen	A	B	C	D	E
zuhause außerhalb der Mahlzeiten	A	B	C	D	E
an der Arbeits- stelle/auf dem Arbeitsplatz	A	B	C	D	E
in der Schule	A	B	C	D	E
bei Freunden	A	B	C	D	E
in der Kneipe	A	B	C	D	E
in der Disco	A	B	C	D	E
gesellschaftl. Anlässe, z.B. Party, Empfang	A	B	C	D	E

19. Trinken Sie Alkohol allein oder mit anderen? Bitte kreuzen Sie das Zutreffende durch:

	(fast) täglich	mehrmals in der Woche	mehrmals im Monat	seltener als einmal im Monat	nie oder weniger als 1x/Jahr
mit Arbeits- kollegen	A	B	C	D	E
mit Freunden	A	B	C	D	E
innerhalb der Familie	A	B	C	D	E
mit der Freun- din/dem Freund	A	B	C	D	E
alleine	A	B	C	D	E

20. Wieviele Gläser Bier, Wein oder wieviele Gläser Spirituosen, d.h. Whisky, Schnaps, Cognac usw. haben Sie insgesamt **in den vergangenen sieben Tagen** getrunken? Bitte jeweils in den vorgesehenen Kästchen Anzahl der Gläser und Flaschen unter der vorgesehenen Glasgröße (z.b. 0,2 l oder 0,5 l) eintragen.

In der vergangenen Woche (also in der vergangenen sieben Tagen bis gestern) habe ich insgesamt folgendes getrunken:

Bier, auch Cola-Hellbier oder ähnliches
(z.b. 15 x 0,3 l Gläser)

    __ x 0,2 l Gläser

    __ x 0,3 l Gläser

    __ x 0,4 l Gläser

    __ x 0,5 l Gläser / Flaschen

    __ x 1,0 l Gläser

Wein/Sekt
(z.b. 4 x 0,1 l Gläser)

    __ x 0,1 l Gläser

    __ x 0,2-0,25 l Gläser

Spirituosen wie Whisky, Schnäpse, Cognac usw.
(z.b. 6 x 0,02 l Gläser)

    __ x 0,02 l Gläser

    __ x 0,04 l Gläser

    __ x größer als 0,04 l Gläser

Starke Mixgetränke (z.B. Cola-Cognac)
(z.b. 5 x 0,4 l Gläser)

    __ x 0,2 l Gläser

    __ x 0,4 l Gläser

    __ x größer als 0,4 l Gläser

21   War diese letzte Woche bezogen auf Ihren Alkoholkonsum eine "normale" Woche?

o   ja

o   nein, ich trinke sonst mehr Alkohol

o   nein, ich trinke sonst weniger Alkohol

Ich möchte Ihnen noch einige abschließende Fragen zum Thema Alkohol und zum Thema Rauchen stellen. Es kann sein, daß Ihnen die eine oder andere Frage völlig unpassend erscheint. Beantworten Sie trotzdem bitte jede Frage:

22.   Waren Sie bereits ein- oder mehrmals betrunken?

o   mehrmals in den letzten 12 Monaten
o   mehrmals in meinem Leben
o   einmal
o   noch nie

23.   Wenn ja, wie alt waren Sie bei Ihrem ersten Rausch?

___ Jahre

24.   Können Sie bitte angeben, was und wieviel Sie an dem Tag/Abend getrunken haben, als Sie Ihren eigenen "absoluten Rekord" aufgestellt haben?

_____

_____

25.   Rauchen Sie

o nein   o ja

Wenn ja, welche Marke rauchen Sie? _____

Wenn ja, wieviele Zigaretten pro Tag rauchen Sie?

o   1-5   Zigaretten pro Tag
o   6-10   Zigaretten pro Tag
o   11-20 Zigaretten pro Tag
o   mehr als 20 Zigaretten pro Tag

Abschließend möchten wir Ihnen ein paar allgemeine Fragen zur Person stellen.

26. In welchem Bundesland leben Sie? _____

27. Wieviele Einwohner besitzt Ihr Wohnort? Bitte kreuzen Sie an:
    o   bis zu 5.000   o   50.000 bis 100.000
    o   5.000 bis 10.000   o   100.000 bis 500.000
    o   10.000 bis 50.000   o   mehr als 500.000

28. Welche der folgenden Angaben trifft auf Ihre derzeitige Situation zu?
    Bitte kreuzen Sie das Zutreffende an:
    o   Zur Zeit noch Schüler(in)
    o   Zur Zeit in Lehre als _____
         (Bitte Berufsbezeichnung angeben)
    o   Ich habe eine Lehre abgeschlossen als _____
         (Bitte Berufsbezeichnung angeben)
    o   In sonstiger Berufsausbildung (z.B. Fachschule)
    o   Voll berufstätig (jeden Arbeitstag ganztägig, aber nicht als Lehrling)
    o   Teilweise berufstätig (halbtags, täglich einige Stunden, einige Tage pro Woche)
    o   Arbeitslos seit _____
    o   Im Studium
    o   Nicht erwerbstätig (Hausfrau, Rentner)

29. Welchen allgemeinen Schulabschluß haben Sie bis jetzt erworben?
    o   Sonderschulabschluß   o   Abitur
    o   Volksschul-/Hauptschulabschluß o   Universitätsabschluß
    o   Mittlere Reife, Realschulabschluß   o   keinen dieser
    o   Fachhochschulreife   Abschlüsse

30. Familienstand
    o   ledig
    o   verheiratet
    o   getrennt lebend
    o   geschieden
    o   verwitwet

31. Geburtsdatum: _____

Vielen Dank für Ihre Mitarbeit!

Falls Sie eine Rückmeldung über Ihre Fragebogenergebnisse wünschen, bitte hier Name und Adresse angeben:

Anschrift:
....

Anhang II: Alte und neue Fahrerlaubnisklassen

Alte Klasse	Neue Klasse	Vorbesitz / Einschlussregelung / Fahrzeuge / Befristung / Alter
1	A (direkt)	**Kein Vorbesitz; Einschluss: A1 und M; Keine Befristung; Alter: 25** Krafträder (Zweiräder, auch mit Beiwagen) mit einem Hubraum von mehr als 50 cm³ oder mit einer durch die Bauart bestimmten Höchstgeschwindigkeit von mehr als 45 km/h.
1a	A	**Kein Vorbesitz; Einschluss: A1 und M; Keine Befristung; Alter: 18** Krafträder (Zweiräder, auch mit Beiwagen) mit einem Hubraum von mehr als 50 cm³ oder mit einer durch die Bauart bestimmten Höchstgeschwindigkeit von mehr als 45 km/h, beschränkt auf eine Nennleistung von nicht mehr als 25 kw und einem Verhältnis von Leistung/Leergewicht von nicht mehr als 0,16 kw/kg. Die Beschränkung entfällt zwei Jahre nach Erteilung dieser Fahrerlaubnis.
1b	A1	**Kein Vorbesitz; Einschluss: M; Keine Befristung; Alter: 16** Krafträder mit einem Hubraum von nicht mehr als 125 cm³ und einer Nennleistung von nicht mehr als 11 kw (Leichtkrafträder) und einer durch die Bauart bestimmten Höchstgeschwindigkeit von: a) 80 km/h für 16-17jährige und b) unbegrenzt ab 18 Jahre.
4	M	**Kein Vorbesitz; Einschluss: Keine; Keine Befristung, Alter 16** Kleinkrafträder und Fahrräder mit Hilfsmotor bis 50 cm³ und max. 45 km/h Höchstgeschwindigkeit.
3	B	**Kein Vorbesitz; Einschluss: L und M; Keine Befristung; Alter: 18** Kraftwagen bis 3,5 t. Auch mit Anhänger bis 750 kg, sofern das zulässige Gesamtgewicht des Anhängers das Leergewicht des Zugfahrzeugs nicht übersteigt und das zulässige Gesamtgewicht des Zuges nicht höher als 3,5 t ist.
3	BE	**Vorbesitz: Klasse B; Einschluss: Keine; Keine Befristung; Alter 18** Kombination aus einem Zugfahrzeug der Klasse B und einem Anhänger, der nicht unter B fällt.
3	C1	**Vorbesitz: Klasse B; Einschluss: Klasse L und M; Befristung: siehe C1E; Alter: 18** Kraftfahrzeuge zwischen 3,5 und 7,5 t mit Anhänger bis 750 kg und nicht mehr als acht Sitzplätzen.
3	C1E	**Vorbesitz: Klasse C1; Einschluss: BE sowie D1E und DE, sofern der Inhaber Klasse D1 bzw. D besitzt; Befristung: Bis zur Vollendung des 50. Lebensjahres, danach alle 5 Jahre erneute ärztliche Untersuchung; Alter: 18** Kraftfahrzeuge der Klasse C1 mit Anhänger über 750 kg, sofern das zulässige Gesamtgewicht des Anhängers das Leergewicht des Zugfahrzeugs nicht übersteigt und das zulässige Gesamtgewicht des Zuges nicht höher als 12 t ist.
2	C	**Vorbesitz: Klasse B; Einschluss: C1; Befristung: 5 Jahre (erneute ärztliche Untersuchung); Alter: 18** Kraftfahrzeuge über 3,5 t mit Anhänger bis 750 kg und nicht mehr als acht Sitzplätzen.
2	CE	**Vorbesitz: Klasse C; Einschluss: BE, C1E, T sowie D1E bei Vorbesitz von D1 und DE bei Vorbesitz von D; Befristung: 5 Jahre (erneute ärztliche Untersuchung); Alter 18** Kraftfahrzeuge über 3,5 t mit Anhänger über 750 kg. Einsatz in der gewerblichen Güterbeförderung unter 21 Jahren nur bis 7,5 t z. G. einschließlich eines Anhängers zulässig.

2 und F.z.F für KOM	D	**Vorbesitz: Klasse B; Einschluss: Klasse D1; Befristung: 5 Jahre (erneute MPU); Alter: 21** Kraftomnibusse (KOM, mehr als acht Fahrgastplätze) mit Anhänger bis 750 kg zulässig.
2 und F.z.F für KOM	DE	**Vorbesitz: Klasse D; Einschluss: Klasse BE, D1E sowie C1E, sofern der Inhaber Klasse C1 besitzt; Befristung: 5 Jahre (erneute MPU); Alter: 21** Kombination aus einem Zugfahrzeug der Klasse D und einem Anhänger über 750 kg zulässige Gesamtmasse.
Klasse 3 (bei mehr als 7,5 t Klasse 2) und F.z.F für KOM	D1	**Vorbesitz: Klasse B; Einschluss: Klasse L und M; Befristung: 5 Jahre (erneute MPU); Alter: 21** Kraftomnibusse (KOM, mehr als acht aber nicht mehr als 16 Fahrgastplätze) mit Anhänger über 750 kg.
Klasse 3 (bei mehr als 7,5 t Klasse 2) und F.z.F für KOM	D1E	**Vorbesitz: Klasse D1; Einschluss: Keine; Befristung: 5 Jahre (erneute MPU); Alter: 21** Kraftomnibusse der Klasse D1 mit Anhänger über 750 kg, sofern das zulässige Gesamtgewicht des Anhängers das Leergewicht des Zugfahrzeugs nicht übersteigt und das zulässige Gesamtgewicht des Zuges nicht höher als 12 t ist.
2	T	**Kein Vorbesitz; Einschluss: Klasse L und M; Befristung: Keine; Alter: 16 / 18** Zugmaschinen bis 60 km/h, Arbeitsmaschinen bis 40 km/h Höchstgeschwindigkeit (jeweils auch mit Anhängern), die für land- und forstwirtschaftliche Zwecke eingesetzt werden.
5	L	**Kein Vorbesitz; Einschluss: Keine; Befristung: Keine; Alter: 16** Land- und forstwirtschaftliche Maschinen bis 32 km/h Höchstgeschwindigkeit (mit Anhänger bis 25 km/h). Selbstfahrende Arbeitsmaschinen und Flurförderzeuge (Gabelstapler) bis 25 km/h.

Anhang III: Abbildungen- und Tabellenübersicht